格力集团销售精英培训班

新郑机场千人培训专场

美的制冷中国事业本部训练营

南山地产培训讲座

人人都是销售高手

狼性销售精英养成课

臧其超 ◎ 著

北京联合出版公司

图书在版编目（CIP）数据

人人都是销售高手 / 臧其超著 . --- 北京：北京联合出版公司 , 2020.11

ISBN 978-7-5596-4522-7

Ⅰ . ①人… Ⅱ . ①臧… Ⅲ . ①销售—通俗读物 Ⅳ . ① F713.3–49

中国版本图书馆 CIP 数据核字（2020）第 160762 号

人人都是销售高手

作　　者：臧其超
出 品 人：赵红仕
选题策划：北京时代光华图书有限公司
责任编辑：牛炜征
特约编辑：刘冬爽
封面设计：新艺书文化

北京联合出版公司出版
（北京市西城区德外大街 83 号楼 9 层　100088）
北京时代光华图书有限公司发行
嘉业印刷（天津）有限公司印刷　新华书店经销
字数 98 千字　　787 毫米 ×1092 毫米　1/16　11.75 印张
2020 年 11 月第 1 版　2020 年 11 月第 1 次印刷
ISBN 978-7-5596-4522-7
定价：49.00 元

版权所有，侵权必究
未经许可，不得以任何方式复制或抄袭本书部分或全部内容
本书若有质量问题，请与本社图书销售中心联系调换。电话：010-82894445

目录 CONTENTS

CHAPTER 1 销售高手要敢打敢拼

做销售要有狼性、野性和进取精神 //003

做销售要心态平和，笑对一切问题和麻烦 //007

做销售要坚定成功信念，认为成交是必须的 //012

做销售要停止抱怨，停止找借口，停止依赖，停止等待 //016

做销售要敢付出、敢挑战、敢担当 //024

做销售要扭转一切、改造一切、创造一切、从无到有 //029

做销售要突出自己的优势 //040

CHAPTER 2 销售高手要有自己的销售风格

做销售要找准自己的销售风格 //049

每一种销售风格都有自己的优势 //058

销售要懂得与时俱进，有很强的竞争意识 //062

会卖的卖感觉，不会卖的卖功能 //069

做销售，会问第一，会听第二，会讲第三 //081

CHAPTER 3　销售高手应深谙销售步骤

销售的第一大步骤：销售策划　//090

销售的第二大步骤：销售准备　//094

销售的第三大步骤：面谈成交　//096

销售的第四大步骤：销售服务　//103

CHAPTER 4　销售高手要有扎实的销售基础准备

专业知识的准备　//109

行业动态与关注力的准备　//110

状态的准备　//114

沟通的准备　//118

精神、使命和责任的准备　//122

销售高手从爱出发　//125

CHAPTER 5　销售高手应熟练掌握客户开发技巧

陌生拜访有方法　//131

学会抓最有影响力的客户　//132

开发客户要懂得专注　//134

善于借助官方、半官方组织渠道　//139

目录

多做产品推介会 //142

广结善缘，多结识客户 //145

珍惜老客户转介绍的客户 //148

CHAPTER 6 **销售高手应洞悉成交关键**

和客户打成一片 //151

维系客户关系的方法 //155

CHAPTER 7 **销售高手的个人修养**

学会找到与客户的共同话题 //165

一定要成为生活的杂家 //168

亲和一些，常微笑、常点头 //170

轻松点、幽默点 //172

要学会模仿 //175

要入乡随俗 //177

要修身养性 //179

CHAPTER
1

销售高手要敢打敢拼

CHAPTER 1 销售高手要敢打敢拼

做销售要有狼性、野性和进取精神

在产品同质化竞争愈加激烈的今天，同类品牌的价格冲击、竞争对手的奇招怪招，常常让销售人员举步维艰，每一次的销售过程都像是在虎口夺食。所谓"狭路相逢勇者胜"，销售人员必须具有狼性、野性和进取精神等特质，才有可能取得成功。

以我前几年从事保险销售的经历来看，销售人员要想在工作中获得长远的发展，或在业绩方面改变现状，最重要的是看他的个性如何，是否真的适合销售行业。如果一个销售人员的个性十分要强，具有狼性精神，那么他夺单成功的概率会比其他人高很多。

可惜的是，现在销售人员大多缺乏这种狼性精神，干劲不足，没有变不可能为可能的勇气和进取精神。在我看来，这种现象的产生原因和家庭教育理念密切相关。

现在家长强调最多的就是孩子的学习成绩，尤其是孩子上了中学之后，这种现象变得更加普遍和明显。等孩子考上大学，甚至上班工作之后，才会开始学习如何做人做事。而大多数人都喜欢安安稳稳地做事，并不太欣赏所谓的"个人英雄主义"，导致很多人缺少胆量，也就没有了挑战不可能的精神和拼劲。

由于家长不看重对孩子进取精神的培养，在一定程度上使孩子在工作中推崇比较平庸的做事方式。这种方式在别的行业中还说得过去，但是对于销售人员来说，就不算是什么好事了。特别是对于保险销售人员来说，就更不好了。

我就是从保险行业的销售做起的。我刚开始和别人接触时，他们都和我聊得很好，相处起来并不算太难。但只要听说我是卖保险的，他们马上就会用异样的眼光看我，并开始与我保持距离。这时，如果我退缩了，没有努力拼一把的精神，那么我的销售之路应该也就到此为止了。幸好我坚持了下来，并最终取得了一些成绩。正是我卖保险时的种种经历，帮助我不断成长，也成功把我"折磨"成了"人精"。

当然,狼性精神不仅体现在工作中,在日常生活中也常有体现。如果我们仔细观察就能发现,那些敢想敢做的男生往往谈恋爱更容易一些,因为这种类型的男生做事比较果决。他们看到喜欢的姑娘,就会马上行动,往往都会追求成功。而那些不敢轻易行动的男生,做什么事情都是前怕狼、后怕虎,左右徘徊,犹犹豫豫,一眨眼就把机会错过了。

古往今来,凡是能成大事者,没有哪个不是有胆量、有狼性、有野心、有恒心的人。这些特质一样适用于做销售的人,你要从这一刻开始,把胆量再放大一点,并时刻保有狼性精神。

那么,销售人员如何才能拥有狼性精神呢?在我看来,必须达到以下三种境界:

第一种境界——胆大心细脸皮厚;

第二种境界——死猪不怕开水烫;

第三种境界——坚持己见"不要脸"。

这三种境界是层层递进的关系,虽然程度有差别,但所讲的核心内容大体相似,都属于狼性精神的变形。

其实,不仅是做销售的人,就是做领导、老板的人,也要具备这三种境界。有的成功的老板学历相对不高,甚至可以算是比较差的。为什么他们可以取得成功呢？因为相比其他人来说，他们的胆量比较大，敢于尝试新鲜事物，能抓住转瞬即逝的机会，从众多竞争者中脱颖而出。

需要注意的是，虽然我们推崇狼性精神，但不要认为可以无理取闹，或者做一些违纪、违法的事情。我这里讲到的狼性精神，是在尊重法律和客观规律的情况下，在自身条件允许的情况下，尽可能地发挥出自己的主观能动性，去争取某些条件、某些人员、某些资源，最终取得某些成就。

CHAPTER 1 销售高手要敢打敢拼

做销售要心态平和，笑对一切问题和麻烦

当我们面对生活和销售工作的时候，一定会遇到很多麻烦、困难、问题和挑战。这时我们要记得，做一个心态平和、笑对一切问题和麻烦的人。因为人的一生，总会遇到各种问题和麻烦，谁也无法逃脱。

比如在我熟悉的培训行业，有时会遇到学员交了定金、签了合同以后，最终却没有来上课，而且再也联系不上的情况。据我的了解，很多培训机构都发生过类似的事情，而且是经常性的。虽然这样的事情发生后让人很不爽，但你要明白，这种事情在培训行业中很常见，不要因为受到一两次打击就选择放弃。

一名培训老师在某次培训后被一群老板围住，老板们抓着培训老师的手急切地问道："老师，虽然你说每家公司都会有一堆问题，但我还是觉得，我们公司的问题最严重，绝对不会有公司像我们一样有这么多麻烦。我到底应该怎么办？"

培训老师发现，老板们还是没有理解自己说的问题是什么意思。为了更加直观地给老板们进行说明，培训老师把他们带到旁边的办公室，随意拉开其中一个抽屉，对他们说："请大家都过来看一看。"老板们好奇地凑过去，发现抽屉里面都是一些本子和铅笔。培训老师解释道："正如你们所见，只有躺在抽屉里的物品才不会有任何问题，因为它们没有生命。"

没有生命的物品就不会产生任何问题，只要是能"喘气"的生物，肯定就会遇到各种问题。

当你有了这个基本认知以后，再遇到问题时就不会太纠结了。你想处理好这些问题，首先要在心态方面进行改变，对企业会出现问题的事实做好心理准备。这样，在企业出现问题时，就不会过于惊慌失措了。

一个三岁的小孩和一个成年人同时买的新衣服，你认为哪一件新衣服更容易被淘汰？答案很明显，肯定是三岁小孩的衣服。因为小孩在不断成长，过几个月之后他的衣服就会变小，不再合身，需要更换。但是，成年人穿衣服应该很少有这些问题，他可能几年都会穿同样的衣服。

由这个例子我们可以展开联想，企业的发展其实也一样，在刚开始时总会有各种问题出现，而且麻烦也会比较集中。等企业成立一段时间后，运营比较平稳了，问题就会逐渐变少，相应地，企业发展的速度也会变慢。

如果我们换个角度看这个问题，就可以得出下面的结论：一个人不断有问题出现，或者一个组织不断有麻烦要解决，很大原因是其正在发生改变，正在不断成长，正在努力突破。这时人们不应该沮丧，而要庆幸，因为这正是自身快速成长、突飞猛进的关键时刻。

对于企业来说，拥有这种心理暗示很重要，它会在企业遇到问题或麻烦时发挥巨大作用。我们在面对问题时需要有这种心态。如果我们能心态平和、心情平静地接受一切问题和挑战，那么，问题给我们带来的阻碍就会变小。

　　大家一定要记住这句话：问题，往往是你成长最好的营养品；问题，往往是你成长最好的上升楼梯。鼓励自己喜欢上问题、挑战和麻烦，接受自己一生都将面临各种挑战的事实，你会随着挑战不断成长，随着挑战使自己变得更加强大。

　　这话说起来简单，但是要做到其实很难，尤其对于刚参加工作的人来说，更是难上加难。那么，我们应该如何处理这个问题呢？先看下面这个例子。

　　很多人在大学刚毕业，准备参加工作的时候，都会面临这样一个问题：如果想让自己成长得比较快，是选择大公司好还是小公司好呢？针对这个问题，我认为应该这么考虑：对一个心态积极的人而言，无论在哪一家公司里都可以快速成长，但是在小公司里可能会成长得更快一点。因为小公司里的问题更多，会在无形中加快你成长的脚步。

　　比如，有些老板会对你说："小刘啊，公司的规章制度很多人觉得不太好，你到外面去听听课，把别家公司的规章制度拿过来改一改，把咱们公司的规章制度搞完善了。"等你学习之后，基本就懂得怎么写公司的规章制度了。没过多久，老板又来找你了："小刘啊，有人提意见说咱们公司的薪酬制度不太好，你去学学别家公司的薪酬制度，拿过来改一改。"等你学习之后，薪酬制度的制定你也掌握了。你这样学几年，公司应该如何运营，你都学会了。

　　如果你是在大公司做事，公司的分工已经很细了，你只能做自己手头有限的工作，在这种情况下，你又怎么可能获得比较快的成长呢？

　　希望大家可以通过上面这个例子，对自己的情况进行分析，思考你在成长过程中可能出现的类似问题，这是你成长最好的营养品。而且，这种反思往往能反映出你的境界和层次。

　　大家一定要记住，在工作中要保持心态平和、心情平静，笑对一切问题和挑战。"泰山崩于前而色不变"，不管遇到什么问题，都冷静面对。因为人的一生，就是为了处理和解决问题存在的。问题越多，你的成长也会越快。

做销售要坚定成功信念，认为成交是必须的

有个阿伯的毛驴一不小心掉到了一个坑里。阿伯试着用棍棒戳打毛驴，用绳子往上拉毛驴，但是折腾了几个小时，也没有把毛驴拉上来。最后，阿伯无奈地自我安慰道："这头毛驴有残疾，又病又老，估计救上来也不顶用了，干脆放弃它吧。"

为了避免毛驴继续痛苦下去，他决定把它活埋，同时把坑填平，避免以后别人再受害。于是，他开始往坑里倒土，快把坑填平时，他突然发现，毛驴居然爬上来了。原来，他往坑里倒的每一锹土，都落在驴蹄子底下。毛驴不断抬脚，把倒进来的土变

成了垫脚石，通过这种方法，成功地救了自己。

故事里面的毛驴就像处于困境中的人。在面临外界不断施加的压力时，人该如何应对这些问题、麻烦、困难和挑战呢？如果能像故事中的毛驴一样，努力争取，把劣势转化为优势，那么这些问题就会变得简单，并成为成长路上的垫脚石。

如果毛驴当时想："既然你都不想让我活了，那我干脆不动了吧。"那它就死定了。所以，你的心态决定了未来将如何发展。如果你能保持积极的心态，不管别人如何对待你，不管世界如何对待你，不管你身边的领导、同事如何对待你，你都能不放弃，努力往上爬，那么，总有一天你会像那头毛驴一样，跳出麻烦，取得成功。

人要保持住自己坚定的信念，做销售的人更不能缺少信念。如果你能树立"一定能成交"的信心，就没有什么顾客会被错过了。相信成交可以实现，首先要做到的是相信"一切皆有可能"。

那么，你真的相信"一切皆有可能"吗？肯定有一部分人是不太相信的。很多人觉得，不可能事事都有可能性，但这种想法本身就有问题。随着科技的发展，很多过去小说中的场景都变成了现实。比如《西游记》里面的飞天遁地。

人这一辈子没有什么是不可能的，只是时间问题、毅力问题、方法问题、投资回报问题。也就是说，重点是你愿不愿意在这件事上花费时间、精力和金钱，只要你愿意，就有机会实现梦想，就有可能取得成功。

想要拥有成功的坚定信念，就要有这种觉悟：只要是人做出来的事，我都可以超越；只要是人做出来的东西，我都可以改造；只要是人做出来的成就，我都可以打败。这是我对于"一切皆有可能"这句话的理解和感悟，如果你也是一个销售人员，我相信你应该也会对这句话有自己的理解。

在成长的过程中，你所听到的、看到的事会让你产生下面这些疑问：哪些是对的？哪些是错的？哪些是该做的？哪些是不该做的？

对这些问题，你不一定能马上说出答案。你首先要明确的是，对错只是相对概念，具体还要看你如何去做。你不要从一开始就怀疑自己的能力和所做的事，而是要相信凡事都有可能，你可以根据不同的事情具体分析，分别对待。

这种方法非常适合你应用在销售工作中。你在进行销售时，肯定会遇到各种问题，也会碰上一些难缠的客户。这种时候你最容易丧失信心，对自己产生怀疑。想要摆脱自我怀疑，重新投入到工作中，就需要你在心里为自己打气，坚定自己能够成功的信念，之后再根据客户的要求进行处理。

在我看来，大多数成交都是从被拒绝开始的。因为有这种认知，我在遇到问题时不会轻易放弃，也不会丧失信心，而是更加坚定交易最终能成功的信念，并积极主动地解决问题，这也是我在销售工作中经常能搞定大客户的诀窍所在。比如，我曾经用三条短信成交了一笔价值15万元的生意，我还曾用三条短信帮一个人把一个价值148万元的项目拿了下来。

这些项目刚到我手里时也非常棘手，有的甚至可以说成功的可能性极低。在我解决这些问题的过程中，除了语言组织要非常有艺术、说话的话术要环环相扣，让人家根本没有理由反驳之外，最重要的就是时刻对自己抱有信心。坚持这样做下去，你的工作水平在提升的同时，自信也会随之提高，并在实践过程中不断得到增强。

做销售要停止抱怨，停止找借口，停止依赖，停止等待

销售高手一定会具有的一个重要观念特质，就是从现在开始，停止抱怨，停止找借口，停止依赖，停止等待。

如前所述，问题和麻烦的出现其实很正常，抱怨、发泄、赌气、发脾气对此毫无助益。然而，要想杜绝抱怨、发脾气等也不大可能，或者说是很有难度的。高兴的时候，我们可以很轻松地鼓励自己："从今天开始我一定会停止抱怨，停止找借口，停止发脾气，并努力工作！"但是，当真的遇到问题、麻烦的时候，能完全做到这一点的人确实不多。

当然，有难度不代表你就可以轻易放弃。一个人偶尔抱怨、偶尔发泄、偶尔发脾气、偶尔耍耍性子是可以理解的。但是，作为一名销售人员，你要时刻保持清醒的头脑，因为在你的身边，问题、麻烦是数不清的。不管遇到多大的挫折，你都不能养成习惯性抱怨，也不能养成长期性抱怨。如果形成了这种习惯，那么你的销售之路会越走越窄，成功也会逐渐离你远去。

在我看来，人的一生就是在不断解决问题、扫除障碍中度过的。如果有人遇到麻烦就抱怨，遇到麻烦就发泄，遇到麻烦就开始发飙，说明他根本不愿意为自己的未来努力，也就不太可能有好的发展。其实，从另一个角度想，你遇到的问题、麻烦越多，说明你在这个公司或行业里存在的理由越充分。员工能够在公司里存在的最大理由，就是可以有效地帮助公司解决问题，创造结果，贡献价值。如果公司没有问题，没有麻烦，没有挑战，那么员工存在的价值必然会降低不少。

人工智能时代快要到来了，很多在服务行业中工作的人可能会有失业的危机。比如，将来的加油站都改用智能加油卡，那就意味着加油站的工作人员可能会面临失业的风险。同样，如果你的工作或岗位不能帮公司赢利、实现价值，那么你在未来就有很大可能被公司淘汰。在这个前提下,你依然在工作中抱怨、找借口,不思进取的话,就很可能随时被公司抛弃。

而且,有的人不仅喜欢在工作中抱怨,在日常生活中也经常抱怨,不仅喜欢抱怨事情,也喜欢抱怨身边的人,对周围人也造成了极坏的影响。比如下面这个案例。

我在大学总裁班给老板们讲课的时候,有位女老板在下课时对我说:"臧老师,我们家那个死鬼我平常都懒得理他。"我说:"哦,你干吗老是打击你的老公呢?"她说:"因为我老公真的懒得跟猪一样。"我说:"你怎么这样说他,他真的那么懒吗?"她肯定地点点头:"老师,他真的这么懒。"我说:"既然他这么懒,你当初为什么还要嫁给他?"她说:"老师,他当年一点也不懒,如果他以前就很懒,我怎么会嫁给他呢?"我说:"那你的意思是,你老公当年很勤奋上进?"她说:"对啊,他当年可努力了。"我说:"他当年很勤奋上进,为什么娶了你之后,逐渐变懒了呢?这里的原因会不会是近朱者赤,近墨者黑……你仔细想想,是不是这个道理?"

CHAPTER 1　销售高手要敢打敢拼

最后，我给这位女老板的建议是，以后再发生这种事情时，不要一上来就简单粗暴地批评，而是先和老公进行沟通，通过一些技巧和手段使老公主动做事。

如果你的老公以前很勤奋，后来变懒了，那么你首先要反思一下自己，是不是自己说得或者做得不恰当，打击了他的积极性。如果老公变懒以后，你依然以抱怨为主，完全没有考虑到自己是否说得或做得有问题，那么，你们夫妻的感情会因此受到很大影响，甚至会让你们的感情逐渐变淡，直至分手。如果发生这种情况，就太得不偿失了。

抱怨对于人们来说有很强的杀伤力，可以影响到人们未来的发展。销售人员必须清楚一个准则：一个销售人员在没有任何背景、关系和后台的前提下，要想完全靠自己的力量取得成功，一般没有 5～10 年的成长是很难实现的。如果没有这种认知，那么他的销售之路将会变得异常坎坷，抱怨自然也就会时常出现了。

有的人个性很强，喜欢整天抱怨、惋惜、指指点点。而且，这些人不仅在生活中如此，在工作中也时常把抱怨挂在嘴边。比如，他们在客户、公司、团队里刚刚碰到问题和麻烦，马上就开始抱怨。这种抱怨虽然会让他们暂时逃离问题，可是，公司真的会因为他们这些抱怨而发生改变吗？经常被他们抱怨的朋友、同事和领导对他们的印象是会提升呢，还是会持续下降？

反过来，如果你不去抱怨，而是在遇到问题、麻烦时默默把它解决掉，那么你的能力有没有可能得到提高？又有没有可能带给自己及公司某些方面的进步？公司的领导、同事对你会不会更加认可？

如果你能仔细思考上面的问题，就会发现抱怨解决不了任何问题，反而会让你徒增烦恼。那么，应该怎样做才是正确的呢？先看下面这个故事。

有一只乌鸦正往南方飞，路上遇到信鸽，信鸽问它："乌鸦大哥，你这是打算往哪儿飞？"乌鸦说："我打算到南方去，北方人老是拿东西打我。"听完乌鸦的回答后，信鸽马上反驳道："乌鸦大哥，无论你飞到哪里去，都会有人打你的。"乌鸦不解地问道："为什么？"信鸽解释说："乌鸦大哥，你难道没有照着镜子看看自己的长相吗？你有一身的黑毛，再加上凄惨的叫声，依谁看都觉得是不祥的征兆，哪里会有人喜欢你呢？"乌鸦说："那依你之见，我应该如何改变呢？"信鸽说："乌鸦大哥，依小弟之见，你应该从今天开始，闭上你的乌鸦嘴，踏实做事。"

作为销售人员的我们，也应该这样要求自己，遇到麻烦，努力自己解决；遇到障碍，尽量自己扫除。这样，我们就离成功不远了。

相传，世上曾经有两匹马，一匹白马，一匹黑马，它们是一母所生。白马和黑马长大后，相约一起出去闯荡。在路上，它们遇到了一大堆麻烦、问题和困难。面对这些挑战，黑马马上就退却了，并且开始抱怨，垂头丧气。与之相反的是，白马遇到困难后就解决困难，遇到障碍后就扫除障碍。刚开始时，它们的差距还不算太明显，黑马还勉强能和白马同步。慢慢地，黑马和白马的距离越来越远。黑马不敢跨过的河、不敢跳过的坎儿，白马虽然心里也害怕，却没有抱怨，而是凭借努力成功过去了。

几年以后，两匹马都回到了家。黑马在家里哭着对白马抱怨道:"这个世界对我实在是太不公平了。"白马对此感觉很奇怪:"你为什么会觉得不公平呢?"黑马说:"你想想看,咱们是亲兄弟,又是同一个时间从家里出去的。结果你回来后变成了神,可我还是和之前没什么两样,只能当一匹给人驮东西的马。咱们本是一母所生,结果却天差地别,你说这事公平吗?"

看完这个故事,你觉得结局对两匹马公平吗?你可以由这个故事发散一下,现在的社会到底公不公平呢?其实是很公平的。在这个故事里,白马和黑马虽然同时出发,也都遇到了很多挑战,但是在面对这些困难时,它们选择了走不同的路。白马在路上遇到困难就解决困难,遇到障碍就扫除障碍,遇到麻烦就处理麻烦。它在解决问题、扫除障碍、处理麻烦的过程中,虽然也会感觉到痛苦和辛酸,但是因为没有过多抱怨,坚持了下去,所以能力也相应地得到了提高。

与白马相反的是,黑马在路上遇到这些困难、麻烦后,第一时间不是想着怎么解决,而是赶紧逃避,所以黑马的能力一直得不到提高。在面对小困难时,黑马还勉强可以通过,但是在面对大的挑战时,它就过不去了。长此以往,黑马的水平自然离白马越来越远了。

　　看完故事大家自然都懂，白马是大家学习的榜样，尤其是在私企工作的人，更要学习白马的拼劲，而不是黑马的逃避。因为私企比起其他性质的企业来说，存在更多不确定性，更需要大家在遇到问题时积极努力地解决。在解决问题的过程中，你也会和白马一样得到真正的成长，也会拥有丰富的人生阅历。

做销售要敢付出、敢挑战、敢担当

如果你想成为销售高手，或成为销售领导者，就一定要具备敢付出、敢挑战、敢担当的特质。有时候我们看一个人能不能做领导，要看他有没有担当，敢不敢负责任，能不能把担子挑起来。如果领导能减少抱怨，真正把担子扛起来，那么这家公司的未来必然不会太差。

举个例子，你和一个人出去吃饭，十次吃饭，有九次都是你掏钱，你以后还会愿意和他一起出去吃饭吗？你会对他的领导能力产生怀疑吗？估计你会这么想，这个家伙连吃饭都这么抠门，他要是做了领导岂不是更抠门？我跟着他，不是没前途吗？

在我看来，将来能做好销售工作、做好领导的人，肯定是敢担当、能负责、会付出、肯冒险、有胆识的人。也只有这种人，才有可能真正把销售工作做好。

有一句俗语说："三岁看大"，意思是一个小孩在三岁的时候，他的性格就已经基本成形了。这话以前我是不太相信的，但现在发现确实有一定道理。比如在你的生活中可能遇到过这种情况：有的小孩在学校上了一天课后，回家兴奋地和爸妈说："我们学校最近重新装修了一下，我发现新修的房间里面比较空，不是很好看。我觉得咱们家有几盆花挺漂亮的，想把它们拿到学校去做装饰，行吗？"

如果你家的孩子有这种举动，你就可以在心中窃喜了，这说明你家的孩子很懂得付出。遗憾的是，很多父母都把孩子的这种付出精神和领导潜质扼杀在摇篮里了。很多父母在遇到这种事情时会教训孩子："那几盆花是你爸妈辛苦挣钱买的，你想就这么白送出去？"

推导到我们的日常工作中，如果你是学校领导，有老师或者学员愿意无偿把自己家的东西拿出来帮助学校，支持学校渡过难关，你在事后是否有很大可能提拔他？其实人这一辈子，付出往往和回报是成正比的。而这种勇于担当的能力，就是领导者们必须具备的特质。

我们往往能在企业里看到下面这种现象。在团队里面，领导指定了某人做经理或做一些相关项目的负责人。经过一段时间后你会发现，在这个团队里面，可能有一个人的影响力比领导指定的人更大。虽然他并没有被领导任命成为经理、主任或总监，但是在其他人心中，他才是大家真正的主心骨。所以，一个人能不能做好管理者，成为一家企业真正的领导人，往往并不是来自上面人的指派，而是来自下面人的认可。

一名真正完美或优秀的管理者，一定要既受到上级领导的重视，又受到员工的追随，这才是最难做到的。这种类型的人之所以能成为领导，能把销售做好，能把关系搞好，很大程度上是因为他们有敢付出、敢冒险、敢挑战和敢担当的精神，能在关键时刻扛起大旗，带领大家一起奔向成功。

据说，朱元璋小时候家里特别穷，有一次他饿了好几天，快要饿昏过去的时候，有人随手扔了一个馒头给他。他拿到馒头后，没有独吞，而是把馒头掰了一半，给了一个一直跟着他的小伙伴。这个小伙伴也饿了好几天，已经两眼昏花了。这个小伙伴正是因为吃了朱元璋给的半个馒头，才把小命捡

CHAPTER 1　销售高手要敢打敢拼

了回来。后来，为了报答朱元璋的救命之恩，他非常拥护朱元璋，成为朱元璋的左膀右臂。

朱元璋能把那么多的贤才之士聚集到自己的身边，就是因为他有非凡的领导才能，有担当，肯分享。领导有些时候还需要敢于承担更大的风险。一家公司的老板所面对的风险比普通员工大多了。如果公司倒了，普通员工可以跳槽，而老板只能跟着公司一起倒。这就在无形中增加了领导的压力和难度，需要具有比一般人更强的担当能力。

所以，一个人能不能做领导，能不能当老板，第一看客观条件是否具备，时机是否成熟；第二就是看他敢不敢冒这个风险、承担这个责任。如果一个人想的只是找一个平台，让别人来冒风险，帮他挑起担子的话，那他也就只能朝九晚五地去工作，拿那份普通员工的工资了。

我希望大家可以慢慢调整心态。很多人之所以不敢做销售，很大原因是他们的胆量比较小，或没有太大的野心。一个人能不能把销售工作做好，比如把自己负责的地区的工作做好，把领导布置的指标完成，很大程度上在于他敢不敢担当、挑战，能不能负责、付出。

你这一生，能够挑多大的担子，代表了你最终能到达什么样的高度，获得其他人对你怎样的尊重。例如，国难当头的时候，有人选择逃到国外去，遇到问题撒腿就跑。这种人因为不愿意负责任，所以永远也成不了大器。

这个道理其实在哪个行业、哪种工作、哪个市场都是一样的。我希望做销售的人，首先就要敢担当，敢付出，不要做"缩头乌龟"。

做销售要扭转一切、改造一切、创造一切、从无到有

销售人员一定要懂得扭转一切、改造一切、创造一切、从无到有。从无到有，也就是领导们经常说的"有条件要上，没有条件创造条件也要上"。

在很多名人传记及历史书籍里，笔墨重点都在开国皇帝，即"皇一代"，以及创业起家的"富一代"或"官一代"身上，但写第二代以后的事情相对就少了很多。这是为什么呢？因为这些"皇一代""富一代""官一代"大多白手起家，从无到有，所以他们身上有很多值得人们学习与借鉴的

地方。这些内容具体来说，就是我们要从他们身上学习的创造精神。

越是高手，越懂得整合；越是高手，越懂得从无到有。我建议各位领导在开展工作之前，先花点时间把电视剧《亮剑》里面李云龙的镜头剪辑出来，把李云龙说过的话记录下来，让公司里所有的销售人员反复观看。我的建议是销售人员至少看五遍之后，才可以上"战场"。

因为我们希望销售人员拥有的每一种精神，李云龙身上几乎都具备了。首先，他有狼性、野性、争取精神。其次，他遇到困难后十分主动，并笑对一切问题和麻烦。最后，他喜欢主动出击，能够从无到有。如果他是销售人员的话，那么绝对是一个高手中的高手。即使是抱怨，李云龙也比一般人有水平。

  李云龙曾经跑去找旅长提要求："旅长，我们的独立团要枪没枪，要炮没炮，都砸了咱们师的牌子了。好歹我们是个独立团，给我们弄点枪炮吧。"结果旅长的回答是："去去去，以后这点屁事别来烦我，你有本事当团长，难道没本事搞到枪、没本事搞到炮吗？如果你没本事搞到枪炮，就回家抱孩子去吧。

我要是有枪有炮，要你干什么？"

你看人家的领导，连最基本的枪炮都不给，还命令下属必须自己解决。现在很多人是领导什么东西都给了，最后自己还是没搞好，反而要让领导加班解决问题。领导很忙，就是因为员工的创造精神太差。如果员工的创造力很强，领导也就不用操那么多心了。

听完旅长说的话，李云龙回道："得得得，老子要的就是你这句话。只要不关老子禁闭，老子要枪有枪，要炮有炮。不就是一个字嘛——抢，老子会！"从此，李云龙真的是要枪有枪，要炮有炮。李云龙后来的枪炮都是怎么来的呢？就像《游击队歌》的歌词说的那样——"没有枪，没有炮，敌人给我们造"。

我们的销售工作也需要发扬这种从无到有的精神，并努力做到下面这种境界：那个人和我们不熟悉，我们就要和他熟悉；那个人和我们没有关系，我们就要和他有关系；那个人不认识我们，我们就要在两三天之内和他称兄道弟；那个人本来没有需求，我们就要让他有需求；那个人本来不愿意来，我们就要想办法让他来。作为销售人员，你没有这两把刷子，就很难把你的产品卖好。

要练成这种能力，最重要的一点是你要善于运用自己的大脑。也就是说，你要善思考、善总结、善想点子，不断创新，这样就为从无到有奠定了基础。

当然，你想要产生这种效果，光有决心也不行，还必须有坚持做下去的毅力，这样才能保证你不会半途而废，从无到有也就真的可以实现了。我做培训师之所以能达到现在的水平，也是和坚持下去的毅力密不可分。

多年前，我曾对助手讲下豪言："小王，我想以后成为全中国讲课量最多的培训老师，你觉得能实现吗？"我的助手小王说："老大，根本不可能。"我问："为什么？"他说："你要想成为全中国讲课量最多的培训老师，一年至少得讲250天。"我说："才250天而已，我觉得我一年可以讲300天。"我的助手听完，哈哈大笑："老大，那是根本不可能做到的。你要这么讲课，最后肯定会累死的。"

现在，我可以很开心也很自豪地告诉大家，我

CHAPTER 1　销售高手要敢打敢拼

曾经连续四年，每年的讲课量都达到了 300 天以上。分别是 2009 年的 318 天、2010 年的 322 天、2011 年的 303 天、2012 年的 302 天。

表面上看，我一年应该还有几十天的休息时间。但是，因为去讲课的路上还需要花时间，所以在那几年里，我基本上没有一天是完全属于自己的休息时间。

还有人会问："老师，春节放假 7 天，肯定是你休息的时间了吧？"其实春节那几天我比平时更忙，因为平常没有走动的亲戚都要走动，平常没有还的人情都要赶在那几天集中还了，平常没喝的酒在那几天也都要喝完。

所以，那几年里我的状态一直是在不停地工作。在我对别人说这个数字的时候，很多人都会对此产生怀疑，觉得我是在吹牛。但是当我把飞机票、行程单、合作单位的联系方式拿出来后，他们都佩服地竖起了大拇指。因为这些都是真实的数据，摆在他们面前，使他们不得不信。

通过不懈地坚持和努力，我在培训行业内获得了五个封号：第一个封号叫"拼命三郎",第二个封号叫"铁人讲师",第三个封号叫培训行业的"劳模",后面还有两个不太好听的封号,一个叫"三八",一个叫"三陪"。

这几个封号里,"三八"应该是最让人不解的了。下面,我介绍一下这个封号的由来。

"三八"是指我每天都是八小时在上课,八小时在路上,八小时在房间。肯定有人觉得奇怪,为什么我在路上要花这么长的时间。因为我在一个地方讲完课后,从酒店到机场的平均时间是一个多小时。等我讲完一天的课,和大家交流完,差不多就要到晚上五六点了,正好赶上下班的高峰期。由于我第二天在别的地方还要讲课,而且这些课程都是提前安排好的,所以绝对不能有意外,每次我至少要多安排出一个小时的时间,防止出现堵车等情况。

除了路上花费的时间外,我在飞机上的时间一般也很长。我去距离远的地方需要三四个小时,去距离近的地方也需要至少一两个小时。飞机落地后取行李要半个小时,取了行李后排队打车又要半个小时,从机场到酒店又差不多一个小时,等我到了房间基本上就半夜了。

到了房间,我还不能立马休息,还要洗衣服。因为第二

CHAPTER 1 销售高手要敢打敢拼

天讲完课后我又要出发去别的城市了,所以只能抽出晚上的时间来洗衣服。折腾完这些后,我得赶紧睡觉,为第二天的讲课补足精神。

我那时连续四年,每年有三百多天都是这样周而复始地度过的。也是因为我的努力和坚持,才使我的培训事业不断扩大,并取得了现在的成绩。所以,无论你在哪一个行业,想做得比别人优秀,都是很不容易的,一定要真的下功夫才行。

努力不一定成功,但成功一定是经过努力才能实现的。你如果想从无到有,事业取得进步,就要相信在这个世界上没有什么不可能。只要咬紧牙,坚持住,那么胜利终归会属于你。

希望大家从这里开始,慢慢学会扭转一切、改造一切、创造一切,相信没有什么事是自己不能做到的。

下面就以我自己的经历作为参考,为大家增强一下信心。

我在成为保险销售人员之前,其实小日子过得还是很幸福的。在大学里我学的是土木工程里的道路桥梁设计专业。毕业后去了一家对口的公司,我的工作就是整天跟着老板,这儿吃一顿,那儿喝一顿。后来,我觉得没什么意思,想换个工作,但因为我是农村户口,留在公司以后有机会转成城市户口,所以我暂时没走。可是在那个公司里我没有任何关系和背景,折腾了两年时间户口也没有转成功。当时我很受打击,感觉很委屈,于是决定辞职不干了。父亲知道后,劝了我好几次,还放了狠话,但我还是坚决地辞职了。

我一咬牙,六年都没有回家,不是不想回,而是没闯出点名堂,不好意思回去。那会儿我每天早晨出去找工作,左手拿包子,右手拿豆浆,在路上到处游荡,跟孤魂野鬼一样。有一天,我遇到一个人,他也是左手拿包子,右手拿豆浆。我们俩打了个照面,那人对我说:"你是干吗的?"我反问:"你是干吗的?"他说:"我是来找人才的。"我一听来精神了:"我正在找工作,你看我行吗?"他一看我两眼冒光,说了一句:"我一看你就是个人才。"当时他就把我拉到路边,给我疯狂地讲了半个多小时。

后来他把我拉到他的办公室,我才发现他是卖保险的。本来我对保险行业是有些排斥的,但是他

CHAPTER 1　销售高手要敢打敢拼

的一句话打动了我，他说："兄弟，骑驴找马，先干着试试，行就行，不行再换下一家。"我觉得他讲得有道理，于是我就上了他这条船。可我上了船才发现，自己根本不适合做销售，更别说去卖保险了。因为我当时性格太内向、腼腆，所以有好几个月都没有出单。

有一天，经理把我叫到办公室，对我说："阿臧，我问你，你做销售多长时间了？"我说："三四个月了。"他问："有没有出单？"我说："没出单。"他脸一沉，问我："为什么没出单？"我说了一堆理由来为自己开脱。结果，经理气得脸色跟猪肝一样："小刘跟你一起进的公司，你和小刘都是大学生，公司对你们的培训、薪酬都是相同的，为什么小刘能出单，你就出不了单？"我无法辩解，只能支支吾吾地来了一句："我也不知道。"

经理对我很无奈，但还是没放弃我，他对我说："从今天开始，你跟着我提包。"后来我才明白这里面的道理，销售人员跟对人太重要了。我在经理的带领下，没几个月，业绩真的是飞速上升。

就是在那段时间里，经理不断地教我如何树立自信，如何掌握销售技巧，如何运用谈判手段，等等。我的一切关于销售的知识，最初都是从他那里得到的。当然，那时候也真是把我逼急了，自己也立志一定要在保险行业里干出点名堂来。

但这种话说起来简单，做起来真的很难，尤其对那个时候做销售的人而言，更是不容易。我们的工作主要就两个：一个是"扫楼"，一个是"扫街"。不像现在，可以打电话、发微信，或在网上联系，最差也可以找个地方摆台子做咨询。我们那时候就是"破门而入"，强行推销，当然也经常会被顾客轰出来。

随着扫楼次数增多，我也慢慢扫出经验来了。如果我从楼下往上走，万一第一家就被人骂得狗血喷头，还要提着包往上爬，不就更痛苦了吗？所以我都是从楼上往下走，万一在第一家就被骂了，虽然内心很痛苦，但往下走，还可以稍微排解一些压力。

刚开始做上门推销时，我每次敲门都充满了紧张感，到人家门口，举起手来的同时，心也一下子跟着提了起来，默念道："最好没有人，最好没有人。"

CHAPTER 1　销售高手要敢打敢拼

刚要按门铃，手就放下了，但马上又给自己鼓劲儿："不行，我一定要成功。"于是又举起手来，飞快地轻轻敲一下，然后趴在门上听里面的动静，"太好了，这家没人。""太好了，又一家没人。"那时候，我哪里是做推销啊？简直是自己跟自己做斗争。虽然听起来很不真实，可当时我就是被这么摧残蹂躏过来的。

等过了几个月，甚至几年下来，我发现自己的性格完全变了，什么话都敢往外说。如果谁碰巧和我在公交车、火车、飞机上坐在一起，那么我能活活把他聊晕。哪个人和我不熟悉，我三两句就可以和他称兄道弟；哪个人本来没有需求，我很快就可以让他有需求；哪个人需求比较少，我很快就可以把他的需求提高。

这应该就是我坚持努力的结果了。

相信通过我的亲身经历，你应该对如何在销售中从无到有有了认识。其实，从无到有并不难，关键在于你是否有坚持下去的耐心及敢于创造的勇气。

做销售要突出自己的优势

在你做销售工作时,是不是遇到过这样一些人,他们经常对你说:"你好像不太适合做销售,而小刘就比较适合做销售。"其实我是不赞成这种话的,因为我带出来的销售人员,之前做什么的都有,什么性格的也都有。从我的团队里面出出进进的销售人员加起来,到现在也不低于两三万人了。这些人中间,从业务员成长为总监、副总或者老板的,至少有六七十人。

后来我开始做总结,看这些人有什么共同特点。我发现,人们能否成功,和他们的学历、学识是有关系,但和他们的个性、特质有更大的关系。当然,我说的个性、特质不是指

"内向的人不适合做销售",而是这个人有没有拼劲,有没有恒心。想要做到这一点有个前提,就是你要找到适合你的方法,突出自己的优势。

我认为一个人能否成功,主要看他是否拥有以下三大关键要素:

第一,一定要全力以赴;

第二,一定要把自己的优势发挥到极致;

第三,一定要想方设法找到适合自己的方法。

相比其他工作来说,这三大关键要素对销售人员更加重要。其中第一条全力以赴,大家都比较认可与接受。第二条和第三条,往往容易被人忽视,这也是我强调它们的原因。

人这一辈子,一定要找准自己的优势,并把它发挥到极致。销售人员只要遵循我上面提到的三大关键要素,就可以把销售做好。特别是最后那条,只要你找到适合自己的方法,辅助自己,你很快就可以成为销售高手。不是内向的人不适合做销售,而是他们相对于外向的人来说上手会慢一些。只要能够熬过刚开始的适应期,一般来讲最后都有极大可能成为销售高手。而且很多内向老实的人,做销售一旦上了道,可能比外向机灵的人还要厉害。

假如我和朱先生都很喜欢张小姐，这个时候张小姐要权衡到底和谁相处。于是张小姐开始研究，发现朱先生长得帅，性格外向，阳光自信，大活宝一个，属于1号性格。臧老师这个人，性格内向腼腆，害羞、胆小、怕事，属于2号性格。

在现实生活中，一般的女孩子都比较容易对1号性格的人来电。张小姐自然也不例外，所以她决定和朱先生交往。他们俩刚开始在一起时感觉特别好，但相处时间长了，张小姐发现朱先生脑子实在太灵活了，容易让人没有安全感。

后来，在某个夜晚，张小姐和我聊了起来。我告诉张小姐："我心情不好，最近很烦。"张小姐问我："你为什么烦呢？"我说："你当初选择小朱，没选择我，我就特别恨自己的性格，不像小朱一样，嘴巴甜，能哄女孩子开心。"结果张小姐："你不要生气，也不要自卑。我觉得你其实挺好的。"我说："你已经选择了小朱，就不要拿这种话来安慰我了。"张小姐说："我说的是实话，我真的觉得你比较老实厚道，要是和你相处肯定更有安全感。"她这样一说，我发现其实我也是有市场的。

一个女孩想找老公，爱情、刺激、浪漫、感动等虽然都是她们想要的，但是这个男人可不可靠、安不安全、负不负责任，这些条件往往更是她们看重的。通过和张小姐的对话我发现，自己至少是能满足她某一个方面的需求的，只是我必须想方设法让我的分量在她的心里更重一点。

其实，我根本没必要去模仿朱先生，也根本没必要去崇拜他，并强迫自己变成他的样子。于是，我重新找回了自己，也重新找回了自信。从此我更老实，更负责任，更忠厚，更实在，更让人有安全感。

面对这种情况，张小姐开始纠结了，因为她现在已经搞不明白到底要选择谁了。朱先生，浪漫又刺激；臧老师，忠厚踏实，有安全感。她思来想去，最终决定嫁给臧老师。

这个故事虽然是我编的，但是如果你对照现实来看的话，就会发现这个故事的可信度很高。其实，这个故事的核心意思很明确，就是找到你的优势，找准你的销售风格，并不断扩展和加深，这样你就可以获得客户的青睐，在与其他销售人员的战斗中取得胜利。

有句话说得好:"人在世上混,龙有龙道,凤有凤道。"不要自卑,千万不要老是打击自己、否定自己,诸如"我太瘦了、我太胖了、我太矮了、我太高了、我太丑了"等。这些都是外在条件,如果我们可以转变想法,增强自信,那么就可以把这些劣势转变成优势。

假如有人让你给一个矮个子的男生介绍女朋友,你肯定不能说:"这家伙什么都特别好,就是长得有点矮。"而是要这么讲:"美女,我给你介绍个男朋友,人长得可敦实了。"一个男孩子长得瘦高,你可以说他长得有骨感;这个人比较老实,你可以说他非常有安全感;这个人头脑比较灵活,你可以说他懂得浪漫;这个人经常面无表情,你可以说他有深度;这个人性格活泼,你可以说他做事有激情。

你要记住的是,人们的很多外在条件摇身一变,都有极大的可能变成财富。你要把你的缺点变成特点,把你的特点变成卖点。

在上面的故事中我已经在暗示大家,我在和朱先生争夺张小姐欢心的过程中能打败他的原因。道理很简单,虽然张小姐之前先爱上了朱先生,但是因为我坚持了自己的优势,并努力让张小姐感受到了我的真心,所以我最终得到了张小姐。我没有盲目地去改变自己,而是找到了适合自己的方法,找回了自己的优势，并把优势发挥到了极致，使我的短板不明显了。

我曾在很多公司里讲课，有的销售人员会跟我倒苦水："臧老师，我要经验没经验，要能力没能力，要口才没口才，要关系没关系，我连拍马屁都不会，你说我在公司能混得好吗？"我说："不管什么情况下，你都可以在公司混好。如果确实没有任何捷径可走，你还可以选择一条路，这条路就是'做个永远忠厚的人'。只要你是一个忠厚的人，即使没有后台，没有精明的脑子，其他人还是会很相信你的。"

总之，我想表达的意思只有一个，那就是人生最快的成功之道，就是找准自己的优势，并把它发挥到极致。再次提醒你，千万不要整天只盯着自己的短板，想着如何补足短板，而忘记发挥自己的优势。当你能够完全发挥自己的优势时，你的短板自然会慢慢补齐。

CHAPTER
2
销售高手要有自己的销售风格

CHAPTER 2 销售高手要有自己的销售风格

做销售要找准自己的销售风格

在真正开展销售工作前，你一定要先准确地了解你自己，确定你是腼腆、害羞的内向性格，还是开放、阳光的外向性格，并结合自己其他方面的特点，找准你的销售风格定位，灵活用到工作中。

1. 公关交际型风格

如果你觉得自己是开放、阳光、自信的风格，无论见到什么人，只要两三分钟，就可以和他们打成一片，那就说明你的性格是外向型的。从今天开始，你就要想方设法培养自己，把自己变成一个交际高手、公关高手，把自己的公关、交际能力练到炉火纯青，以便将来搞定客户，感动客户。

2. 老实厚道型风格

如果你发现自己比较腼腆、害羞，相对而言比较正统、保守、内敛，一看脸就让人觉得是个老实人，那就说明你的性格是内向型的。千万记住，不要整天强迫自己做公关的事情，因为你根本就做不来那一套，保持住老实的风格就好。

3. 专家型风格

如果你做事非常理性，而且看问题长远透彻，善于总结，善于思考。一般你不爱讲话，但如果让你讲，你也能够滔滔不绝，那么，你可以走"专家型"路线。

因为销售人员出去都是团队作战，有些人善于谈话，有些人善于搞关系，还有些人善于分析，做辅导咨询，对专业知识非常精通。专家型风格的人需要做的事，就是帮人家辅导参谋如何选择学校，如何选择成长轨迹，等等。

4. 利益型风格

利益型风格的人，一般会通过给对方好处来达到最终目

CHAPTER 2　销售高手要有自己的销售风格

的。很多公司不提倡这种风格，但有的公司还是在用，比如打折、优惠、促销，这些都是给客户好处。利益型风格的人性格外向，说话很直，为了卖出产品常常表现得很强势，但容易得罪人。

以上是我总结出来的四种不同的销售风格，大家可以对号入座，看看自己是哪种类型，之后"对症下药"，强化自己的优点。

我有一个哥们儿很厉害，是个公关交际型的高手，同时又是个利益型的高手。有一回他带着客户去喝茶，我就坐在他们旁边的位子，观察他如何和客户谈话。

我的哥们儿口才很厉害，滔滔不绝讲了十几分钟。讲完之后，我发现坐在他对面的客户几乎没怎么讲话。他接着说道："哥，咱们俩是初次合作，我看中的其实是你这个人。实在不行，我有两个点，把它全给你吧。"客户还是不讲话，于是他又继续讲："哥，你不了解小弟。我这个人直来直去，没有什么花花肠子。行就行，不行就不行。哥，我真的只有两个点，多一分也没有。如果你觉得这样还是不行，干脆我把我的提成点都给你。我还有 0.2 个提成点，加起来总共 2.2 个点。哥，你看行吗？咱们初次合作，我可以不挣这笔钱。当然，不管成不成，你这个朋友我都交定了。"说完，他把茶杯轻轻一端，客户方虽然还是没讲话，但是慢慢抬起头来，然后把自己的茶杯也拿了起来。两个茶杯轻轻地一碰，这桩生意就算是成交了。

看完后我感触很深，他前后没用半个小时，就把客户谈成了。后来我奇怪地问他："兄弟，你干吗不先和他寒暄一下，套套近乎？"他说："兄弟，你说的方法没错，可是速度太慢，我这个方法多快。"我说："你的方法快是快，万一他一直不同意怎么办？"他说："实在不行就算了呗，三条腿的蛤蟆不好找，两条腿的人到处都有。"我接着问："你是怎么知道他吃你那一套的？"他说："他不吃，有人吃；他不要，有人要。"我说："你怎么猜中的？"他说："当然是因为我对自己很自信，而且我的公关技巧运用也很熟练，最后自然可以拿下此单。"

我后来发现，人和人之间真的有很大差别。我的销售观

CHAPTER 2　销售高手要有自己的销售风格

点是先和客户套近乎，寒暄一下，搞的是间接式成交。但是我这个哥们儿不一样，他三下五除二就成交了。虽然我们两个的销售风格不一样，但只要最终的结果都是成交，那么过程如何就看你自己的把握和考量了。所以销售风格没有对错之分，只有适合不适合之分。

每次讲完销售方面的课程，我都会让学员根据自身情况，分析一下自己属于哪种风格。之后，我根据学员的情况，大致判断出他属于什么风格类型。比如，我会说："觉得自己是公关交际型的请举手。"有的人不假思索，一下子就把手举了起来，胳膊伸得很直，眼睛不停地左右环视，想知道是不是有人和他是一样的风格类型。我一看有这种动作的人，就基本能肯定他确实是公关交际型的风格。

我接着说："请大家把手放下，现在，觉得自己是老实厚道型的请举手。"有些人还是唰的一下举起手，胳膊往前倾。这种人我一看就知道他不是老实厚道型的。因为真正老实厚道的人不会马上举手，而是会先自己进行一番心理斗争："我是不是老实厚道型的？好像是的，那我举手吧。"刚想伸手，又会想："我说自己老实厚道，好像不太好吧。"又把手放了下来，接着又想："可是我真的是这种类型的人啊，还是应该举手。"因为这些想法，老实厚道型的人会把手一伸一放，不断犹豫。而且，老实厚道型的人即使举了手，也只会刚刚把手举过肩，并且手指大多是分开的，手势显得不太自信。

此外，专家型风格的人举手，一般胳膊是弯着的，不会太直，也不会太低，给自己回旋余地。利益型风格的人举手，很强势，很直，很硬。不管他怎么举都很自信，很有力量，很霸气。

当然，也会有人对哪种类型都不举手。我问这些人原因，他们解释说："老师，我属于复合型的人，我觉得自己四种风格都有。"遇到这样的人，我只能称他为"四不像"了。这种人就是典型的没有找到自己风格的人，还有投机取巧的嫌疑。这种做法会让他看不清自己的优势，在进行销售工作时不能有效利用自己的风格与顾客交往，更有可能把优势搞成劣势，这就得不偿失了。

需要注意的是，这里所说的销售风格，主要是指你本身习惯使用的风格，并不是说做销售的时候，老实厚道型的人只能做老实的事，利益型风格的人只能做如打折、促销这种事。销售风格是根据你的性格来做出判断的，只是为了让你更快捷地找到自己的优势，而不是制约你行动的枷锁。

如果你还是不太能确定自己是哪种风格类型，那就看你

CHAPTER 2　销售高手要有自己的销售风格

在日常生活和工作中表现出的是哪种风格和特色。比如，不同风格类型的人给客户送小礼品时，差别就非常大。

公关交际型的人送礼，会说："王姐，这么多年都是你在帮助我，每次我遇到困难时，都是你在支持我，我太感动了，又不知道怎么才能向你表示感谢。正好这是我前几天刚买的一个特别好玩的东西，看到它时，我就想着一定要亲手把它送给你。"

老实厚道型的人送礼，会说："王姐，这么多年都是你在帮我，我都不知道怎么向你表示感谢。上次我回老家，无意中看到有卖灵芝的，我第一个想到的就是买来送给你。"

专家型风格的人送礼，是往人家面前一坐，先天南地北聊一通，聊到最后差不多了，把礼品往桌上一放，说："哥，我走了啊。这东西，你看一下，蛮好的啊……我走了，我走了。"

利益型风格的人送礼，是把要送的东西往桌上一放，说："哥，这是你的，不要说了……我知道、我知道，应该的、应该的……"

再比如，我是个公关交际型的销售员，朱总是我的客户。那么，我会拉着朱总说："朱总，你当老板不容易。走走走，今天晚上我请客，我们出去放松一下。"但是，老实厚道型的人就不会这么做。他们一般是被客户主动拉着去放松，"来来来，小刘你做销售不容易。走走走，我们一起去放松一下，我知道你们最近太累了。""老大，我没去过啊。""哎呀！我带你去玩一次你就会了，走吧。"

通过上面的例子能看出来，不同风格的人在面对同一件事时，会表现出不同的态度和做法。不管你是公关交际型，还是老实厚道型，或者是专家型、利益型，都只是你做事表现出来的方式，做事风格、方法本身并没有对错，也没有优劣之分。

你现在可以花点时间，思考一下，你到底适合哪种风格类型。你一定要找准风格类型，也就是给自己定位，至少选择四种风格中的一个。这个过程你不能偷懒，而要对自己进行客观认真的剖析。千万不要因为嫌麻烦，就安慰自己说："其实我四种风格都有。"如果你有这种想法，只能说明你对四种风格没有准确理解。

一般来说，一个人最多也就包含其中两种类型，但要注意两种风格的兼容性。有人在仔细分析完自己后，和我说：

CHAPTER 2 销售高手要有自己的销售风格

"老师,我左脸是老实厚道型,右脸是专家型。你看行不行?"这种组合类型肯定是可以的。还有人说:"老师,我左脸是公关交际型,右脸是利益型,行不行?"这种组合类型也是可以的。但是,有些人说:"老师,我左脸是公关交际型,右脸是老实厚道型,行不行?"注意,这种组合类型就不大可能出现了。因为这两种风格类型相互排斥,搞到最后,老实厚道型的客户不喜欢你,公关交际型的客户也不喜欢你。

如果你能找准适合自己的风格,那么适合你的工作也就不难找出来了。不同的行业适合不同的风格,比如销售保险、服装、手机,比较适合公关交际型风格。而销售大宗产品、大型机器设备,因为这些产品的定价都在几百万元甚至是上千万元,且产品本身的技术含量很高,所以用专家型的销售人员会比较好一些。再比如走经销渠道的行业,比较适合老实厚道型和专家型的销售人员。如果你是做日用品或快消品的,行业内竞争比较激烈,那么利益型的销售人员会相对好一些,可以通过折扣、促销等手段达成销售。

每一种销售风格都有自己的优势

世上的事情,都是有其长就有其短,有其多就有其少,没有任何事情是绝对完美的。这句话对销售风格的优势对比来说同样适用。

公关交际型和利益型的人的优势是能让别人迅速喜欢上他,而且很快就可以和别人打成一片。所以,他的交际量很大,客户相对比较多。但是,他和客户的关系的维系程度比较弱,客户来得快,去得也快。客户如果看出他是公关高手,多少就会对他有一点防范。所以公关交际型的人搞关系、拉客户时,就像猴子掰玉米,边找边丢,而且找一个,忘一个。

老实厚道型和专家型的人,在公关的时候就会出现明显的短板,比如搞关系的速度会比较慢。但是这种人也有自己的优势,那就是他们搞到手的关系相对会比较深入一些。所以,这种类型的人在搞关系、拉客户时,就像是坐在地上慢慢摸索,顺藤摸瓜,之后藤上的所有瓜就都被他拉过来了。

有人曾问我:"臧老师,虽然我的性格不太外向,但我还是想成为一个公关交际型风格的人,你看行吗?我觉得太老实不好。"对此我给他的建议是,如果真的想变成公关交际型风格的人,就要同时满足下面三个条件:

第一,大环境的感染;

第二,旁边有榜样带头;

第三,自己有很强的决心。

如果你这三个条件都不具备,说心里话,你将很难改变你的销售风格。

虽然我给了他建议,但是我并不看好他未来能真正改变自己的风格。所以,如果你的情况和他差不多,建议你最好不要轻易改变,除非你具备了我刚才讲到的三个条件。而且这还牵涉能否坚持到底的问题,俗话说得好,"江山易改,本性难移"。如果你没有三到五年坚定的咬牙坚持,是很难成功改变风格的。最可怕的情况是,你改变到一半的时候放弃了，那你的风格就会变得人不像人、鬼不像鬼，就更麻烦了。

这就是我一直强调各种销售风格都有自己优势的原因。不要轻易放弃你的优势，强迫自己学习你不适合或不擅长的风格，而应该把握好你的风格，并充分发挥出来。

前面讲到的都是不同销售风格的优势，找准它们，就会对你的销售工作大有帮助。你要记住一点，这些优势不适合所有顾客，你需要针对不同的客户，选择性地发挥这些优势。

为什么有些客户，你见他第一眼就莫名其妙地喜欢他，可是有些客户，你见他第一眼就恨不得上去踹他两脚呢？原因很简单，你们俩根本不是一类人。比如，我要是和混社会的人在一起相处，最后肯定是处不到一起去的。即使短期内可以相处，但是过一段时间就很难维持关系了。常言道："道不同，不相为谋。"性格或者风格不一样的人，很难长时间相处下去。

你的销售风格是否与你的客户相匹配，也是交易能否成功的重点。假设你拜访了十个客户，最后成交了两三个，那么没有成交的七八个客户，他们拒绝你的原因应该是不相同的。比如，有的人可能是因为价格问题，有的人可能是因为产品问题，还有的人可能是因为需求问题或是专业问题。当

CHAPTER 2 销售高手要有自己的销售风格

然,除了这些客观原因外,有没有可能是因为你个人的问题呢?

　　根据我的经验,因为人的问题没有成交的可能性会占更大的比例。很多时候,就是因为这个人我不喜欢,才导致我对这个产品或服务不信任,最终不能成交。想要成交,除了补足短板外,实际上销售人员展现出的个人风格也是相当重要的。大家一定要记住这一点,找准自己的优势,有针对性地对客户把优势发挥出来,这样你的成交会变得顺利许多。

销售要懂得与时俱进，有很强的竞争意识

现在经常有人吐槽，说行业内的竞争越来越激烈，销售工作一天比一天难做了。想要从中脱颖而出，你一定要懂得与时俱进，有很强的竞争意识。

中国在 20 世纪 50—60 年代时，很少有所谓的销售工作。在那个年代，人们的眼睛只要盯住政府发的各种票证就可以了。政府发的票证上要求你卖几个就卖几个，要求你能买几个就买几个，没有太多个人发挥的空间。所以在那个时代，做销售其实就是跑供销，也就是按照上面给的计划进行售卖。

改革开放后，很多产品终于开始走向市场，进行自由买

卖，产品种类也比以前多了不少。但是，在20世纪80—90年代，产品的产出相比老百姓的需求而言，是供小于求的。所以那个时候做销售，根本不需要考虑客户的需求，你只需要会讲、会说就可以了。

进入20世纪90年代，市场上的产品越来越丰富，大家逐渐发现，销售人员光会"忽悠"已经不行了。企业必须把眼睛逐步从看产品转移到看需求上，要开始了解客户的需求，并把产品设计得更贴近这些需求。以此努力让自己的产品和服务，在客户面前更具吸引力。

现在的企业想要取得成功，就必须转换思路，增加竞争意识，并了解销售的新手段和方法。举个例子，现在我们到超市去买牙膏，可以选择的品牌很多，比如佳洁士、云南白药、高露洁、黑妹、黑人等。其中，冷酸灵牙膏的销量非常大，因为它名字起得好，广告也为人熟知。冷酸灵牙膏的广告语是"冷热酸甜，想吃就吃"，老百姓只要牙齿遇到冷热酸甜时有过敏的情况，自然而然就想起了冷酸灵牙膏。这就是它用产品的特色和卖点，把客户吸引了过来。

如今的产品不仅要靠"推"，还要会"吸"。也就是说，现在的销售人员不仅要会推销，还要会"吸销"，即营销。推销和营销，这两者的差别很大。下面，我举个例子解释一下。

在某条大街上有两家理发店,它们位置相邻,店面大小也差不多。两家店为了吸引顾客,都使出了浑身解数。第一家店觉得把自己推销出去最重要,因此做了很多活动,还临时雇了很多人发传单,同时大批量发放优惠券,以此吸引更多的人来店消费。另一家店并没有过多地宣传自己,而是重点改善了店内的环境,招聘了几个有经验的理发师,买了几套进口的烫发、染发设备,还定期免费培训店内员工,使他们能及时了解并掌握最新的发型修剪方法,提高审美水平。虽然刚开始时第一家店的生意比较火,慢慢地,第二家店因为口碑吸引来了更多的顾客,甚至有了许多回头客。

在这个案例里,第一家店使用的方法是传统的推销,主要利用的是优惠券、打折、促销等手段;而第二家店使用的方法则是吸销,即通过提升自己的实力,达到吸引顾客的效果。

对于目前的销售人员来说,营销显然比推销更重要。销售人员想做好营销，就要做好以下三点。

1. 要成为你所卖产品的代表

成为所卖产品的代表，就是指别人一看到你这个人，就知道你属于哪个行业，而且是其中的代表人物。

"流行美"，是广州流行美时尚商业股份有限公司旗下的发饰、化妆品品牌，主营业务之一是卖女士高档发卡。女孩的一个发卡一般是几元到几十元不等，但是流行美的发卡定价都是几百元到上千元。这家公司卖发卡的同时，还附带赠送一项超值的服务，就是帮女士们终身免费盘头。因为女士盘头一般要花很多金钱和时间，所以这家公司赠送的终身免费盘头服务，对女士还是很有吸引力的。

我给他们公司讲课的时候，告诉他们全公司的人："亲爱的姑娘们，我建议大家从今天开始，一定要记住，要把自己的头发盘得非常好。因为能买几百元到几千元发卡的人，一般不是富婆，至少也是高级白领。她们那么有钱，会随便把她'高档'的头放在你手底下做试验品吗？如果你自己的头都盘得像鸟窝一样，你想她会让你帮她免费盘头吗？所以，要想让自己对顾客更有吸引力，一定要想方设法让自己成为盘头的高手。"

一个人长得胖无可厚非，但千不该万不该去卖减肥茶；一个人满脸长着青春痘，这也无所谓，但千不该万不该去卖祛痘产品。一个老师没做营销，最好不要讲营销；没做管理，最好不要讲管理。

专业的人做专业的事，你要成为所卖产品的代表，成为你所讲主题的代表。你要培养自己这种能力，让别人一看，就知道你是从事哪个行业的。

2. 要成为你所卖产品的专家

你可能知道自己产品的优势、卖点和特色，可你是否知道竞争对手的优势和特色呢？想要成为这个领域的专家，你不仅要了解自己，同时还要了解整个行业，特别要了解竞争对手。这种了解不是浅层的知道，而应该是持续不断地、深度地理解。

以我自己为例，我讲课绝对不拿电脑，也不用幻灯片，都是拿起麦克风就开始，讲上三天五天、十天八天都不会重

CHAPTER 2 销售高手要有自己的销售风格

复。因为我对自己有要求，我认为一个老师讲课，必须做到站在讲台上就能滔滔不绝地把自己的知识传递给学员，这是一个老师具有专业水平的标志。所以，我不管是在清华、北大、人大等学校的总裁班上课，还是进入企业讲课；不管是给MBA班的老板、总裁讲课，还是针对普通员工讲课，我从来不拿电脑，不用幻灯片。

一个人对自己的专业知识，如果不是非常了解，讲话肯定没有自信。自信来自底气，而底气来自实力。

我有一家公司是做房地产中介的，我要求公司的业务员每天晚上下了班一定上网看所有门户网站的房地产板块，把房地产大佬们的讲话、发表的文章反复阅读，尤其和我们有竞争关系的对手的文章，更要仔细琢磨。这样坚持一两年后，他们就会对房地产这个行业有非常强的灵敏度。如果有来买房的客户，他们可以很快把房地产政策、趋势讲给客户听，让客户感觉他们是这方面的专家。

销售人员对专业知识非常了解，讲话自然就会变得很自信。做好销售，绝对不是靠耍嘴皮子就能成功的，销售过程中销售人员的语气、眼神、表情、动作、用词，举手投足传递的信息等都会影响到最终销售的成败。真正的沟通高手，是靠自己的感觉和自信来与客户沟通的，而这种自信，大多来自他对专业知识的了解程度。

3. 要成为别人购买和投资的顾问

要成为别人购买和投资的顾问,就必须做到让别人喜欢你、相信你、依赖你。所谓的依赖,是指客户只要有这方面的需求,就会第一个想到你,找你咨询。每一个客户身边都会有一大堆资源可以挑选,所以你的产品的口碑很重要。如果你做不好,产品没有口碑,客户就不会在需要产品的第一时间想起你。如果你能够使自己身上有很强的吸引力,就会自然而然地成为别人购买和投资的顾问。

会卖的卖感觉，不会卖的卖功能

在讲这个问题之前，让我们先看一个案例。

我在杭州讲课时，有小姑娘的销售方式让我很震撼，至今难忘。那天，这个姑娘坐在第一排最拐角处，穿红色的衣服。第一节下课了，她就跑过来跟我说："臧老师，你的嗓音好像有点沙哑。我这里有个口喷，对你的嗓子很有帮助。"

我拿过来一看是芦荟的，觉得应该还不错，于是对着嘴里喷了三下。她接着说："臧老师，这个是我用过的。"我说："用过无所谓，又不是牙刷，反正是喷进嘴里去的。"她说:"臧老师,其实我很想送一个给你。"我马上脱口而出:"这哪能让你送啊,我肯定是要给你钱的。"

假如你是个销售高手,听到我这话之后,应该很快就能明白,我这时是很容易和你成交的,你只要送我这个产品就可以了。因为我刚才说的话的意思是:"我哪能让你送,你要送给我,我还要给你钱的,我作为老师怎么会占你的小便宜。"但是这里确实存在风险,万一她送给我了,我真的不给钱,她不就亏了吗?

这姑娘脑子转得很快,她居然话锋一转,跟我说:"臧老师,其实我们这个不能送,因为都是没拆封的。"我说:"既然你拆开麻烦,就别动了,送给我一大包,我也没有用啊。"她说:"臧老师,你等一下。"说完,她马上跑过去,把她的包一拉,我一看,一整包都是口喷,吓我一跳。

她拿过来后,我说:"这也不大啊。"她说:"老师,这个确实不大,飞机上能托运吧?"我说:"飞机上肯定能托运。"我这话一说出来,就发现坏了。果然,她马上说:"臧老师,既然肯定能托运,我就

CHAPTER 2　销售高手要有自己的销售风格

把它送给你了。"我说:"那不行,这太多了。"她说:"老师,没事,你慢慢用,总有一天会用完的。"我说:"姑娘,这真的太多了,也真的挺贵的。"她说:"臧老师,你就是买个口香糖,也是要花钱的。"

我一听,心想这姑娘口风转得真快,这不是很明显地暗示我还是要给她口喷的钱嘛。所以,她推过来,我又推过去了。最后她猛地一推,我双手那么一托,东西全在我手里了。到了这个时候,我真的能退给她不要吗?不可能了。于是,我把这东西往桌上一放,当场拆开,给几个助教每人分了一个。一下子分出去七个,我自己留了三个,至今我连一个都没用完。

口喷每支36元,10支正好是360元。最关键的是,当我把360元钱给那个姑娘的时候,她一点没有推辞的意思,直接把钱夹打开,把钱放进去了,连让都没让一句。

你以为这就结束了吗?太天真了,这才是刚刚开始。

25天后,我再次到杭州讲课,上课的地点是中共浙江省委党校,在杭州一个叫富阳市的地方,离杭州市区大概有二三十公里的路程。那天晚上我到达时，狂风暴雨，雷电交加。到了酒店大堂，我看见不远处站着一个眼熟的姑娘。我正在犹豫着，那个姑娘笑眯眯地跑过来，和我说："臧老师，是我啊，口喷！"她连自己名字都不提了，直接提了口喷。我心想，天哪，她真是"阴魂不散"。于是我问她："你怎么知道我在这儿讲课？"她说："臧老师，一个销售员，如果连顾客的行踪都不了解，你觉得她还适合做销售吗？"

我一听，这是高手啊，这样的话只有高手才能说得出来。结果，她和另外一个一起来的姑娘提了两包产品，和我一起到了房间，整整跟我侃到夜里一点半，神侃了两个多小时。最后我只能无奈地说："姑娘们啊，你们别再侃了，我明天还要讲课。"我流露出了不想买的意思。但是我发现，我的闭门送客的话说不出口。因为她俩给我讲了两个多小时，我一分钱都不掏，觉得实在说不过去。可是我又一想：我要是买了，就上当了。

后来我想我是讲营销的老师，能吃这个亏吗？我就对这两个姑娘说："姑娘，我有几个问题，你看能不能帮我解决了？""好，臧老师，我们来了，就是帮你解决问题的，你说吧。"我说："我有三个问题：第一，我胃不好，因为常年在外讲课，风里来雨里去，吃饭不及时，所以一直治不好，能不能用保健品帮我改善一下？第二，我小腿浮肿，基本每天都要站六个小时，一年站三百多天。你告诉我，如何才能把我小腿的浮肿问题解决？第三，我有静脉曲张，能不能用保健品帮我保养一下？"

那姑娘非常坚定地说："老师，你刚才讲的三个问题，都是我们的特长，都是我们的优势。我等会儿连夜打电话给我的导师，帮你把药提前配好，明天一早就给你送过来。"我说："最好不要那么急，慢慢送。"其实我心想，你最好等我离开杭州再送。最后，那两个姑娘终于走了。

第二天早晨7点15分，我的电话铃响了。我是晚睡晚起型的人，一般7点半之前很少醒。我拿起电话一看，是那个姑娘打来的，我接起电话说："姑娘，这么早你有什么事吗？"那个姑娘说："臧老师，我要到你那里去给你送药。"我说："姑娘，我还在睡觉呢。"她说："臧老师，你慢慢睡，我到你那儿还有段距离。"我说："姑娘,我待会儿还要讲课,估计没时间和你细聊。"她说："臧老师,没事,你先跟他们讲,等你讲完了,我再跟你讲。"我真是拿她没办法了,就把电话一挂,起床准备去上课了。

那天我是给工商银行杭州分行的行长们讲课,讲的主题是"如何打造狼性销售团队",这个主题我很有经验,我的经典畅销书《销售团队这样带——打造狼性销售团队》讲的就是这个主题。

课堂上,我把头一天晚上那个小姑娘的故事讲给他们听了。我跟行长们开玩笑说:"你们还讲什么狼性不狼性的,要我说,你们把那几个老员工换掉,薪酬制度一调整,把推销人员往你们队伍里一放,你们就有狼性了。"

第一节课10点半下课,行长们把教室门打开的时候,发现门口站着两个小姑娘。行长们一问就知道了,这是我课堂上讲到给我推销的姑娘,于是他们就和两个小姑娘开玩笑说:"姑娘,那个老师刚才在夸你们呢。你们是做推销的,是不是进去把他搞定?"结果她们俩就冲进来,没到10分钟,我的2800元钱就被她们赚去了,加上原来的360元,我

CHAPTER 2 销售高手要有自己的销售风格

一共被她们赚走了3160元。

通过这件事,我觉得她做销售应该从来没有亏本过。不管到哪儿去,她都能黏上一个人,就像口香糖一样,她从来不会亏本,她身上具有很强的"吸力"。

你以为她把我成交后就完了吗?完全不是,厉害的还在后面呢。我一不留神,她就把我的麦克风给拿去了。因为课间休息就10分钟的时间,10分钟后,行长们都回来了,她拿着麦克风往台上一站,说道:"各位行长,大家好。在座各位经常听臧老师的课程,说明大家对臧老师很支持,我想代表臧老师对在座各位表示衷心的感谢。在座的各位,臧老师经常来杭州讲课,无论如何,对我们杭州人民都是有贡献的。所以我想代表杭州人民,对臧老师表示衷心感谢。各位,一回生,二回熟,我是中山完美公司的销售员。在座的各位肯定什么都不缺,就是在健康方面有那么一点点缺乏。所以以后大家只要有与亚健康相关的问题,尽管与我联系,我的名字是×××,手机号码是……"

她把手机号码和自己的名字都写在白板上,之后走下讲台，开始给那些行长发名片。不仅给人家发自己的名片，而且问人家要名片。有行长不给她的，她居然把自己的名片一递，笑眯眯地说："亲爱的行长，认识我这个美丽的姑娘，难道对你会有坏处吗？"

听完这话，那些行长没办法了。在场七八十个行长，至少有五六十个行长的名片都被她拿去了。结果，她收完名片，跟我说："臧老师，我到后面去听课。"我以为她真的去听课了，后来才知道，听课只是副产品，她坐在那里，又拿个笔记本，把那十几个没给她名片的行长的联系方式要了一遍。

当时我就在想，她能用这种方法对付我，难道就不能用这种方法对付那些行长吗？那些行长一个人成交3000元，10个人就能成交3万元，100个人就能成交30万元。即使打个折，成交1/3也有10万元到手了。

这次之后，她尝到了甜头，更加"阴魂不散"了，每天给我发短信："亲爱的臧老师，你吃药了吗？"我说："太忙了，没吃。"她回短信说："臧老师，你今天可千万别忘了吃药啊！"我回："你整天让我

CHAPTER 2　销售高手要有自己的销售风格

吃药。我又没有什么病,老吃药干什么?这样我更容易胡思乱想。"

从那之后,她给我发短信的形式换了,她不再按以前的方式发,而是发:"亲爱的臧老师,听说你明天到北京讲课,明天北京气温早上5摄氏度,中午15摄氏度,晚上4摄氏度。""听说你后天到西安讲课,西安早上3摄氏度,中午16摄氏度,晚上7摄氏度。"她几乎每天都给我发,比天气预报还及时。像我这种人,长年累月拉个包东奔西跑,风里来雨里去。有这样的短信对我安慰和关心,我还真觉得挺温暖的。

可是大家不要忘了,短信祝福再温暖,时间长了人也会烦。她天天给我发这样的短信,我后来就有点烦了。我告诉她现在手机App都有天气预报,不用发了。可她还是天天发。有一段时间,我都严厉警告她不要发了,她还是在发。后来,我被她这种坚持不懈的精神折服了。天哪,她真适合做销售。我就巴不得把她挖过来,放到我自己的公司里。

其实所有的老板,都讨厌对自己死缠烂打的业务员。但是天底下所有的老板，都喜欢自己的业务员死缠烂打别的老板。这个小姑娘，如果她还卖产品给我，我还是会买，因为她的这种精神让我觉得太感人了。

招商银行有个做销售的姑娘，为了让我在招商银行存款，整整给我发了一年的微信。每天发一条微信祝福，让我觉得我再不把钱转到招商银行，实在是太说不过去了。下次她再卖给我产品，我肯定还会买。因为我买的已经不是产品，而是她的服务态度、服务精神。

这就叫"一流的销售靠感动，二流的销售靠喜欢，三流的销售靠服务，四流的销售靠产品，五流的销售靠价格"。我们作为销售人员，在卖产品时，不仅要懂得"吸"，而且要懂得服务，要有很强的营销意识、服务意识和敬业精神。

在这个世界上，最值钱的是感觉、感动，是一种心理的、精神上的享受。马斯洛的五大需求层次理论，把人的一生所追求的层次问题讲得很清楚。第一层是生理生存需求，第二层是安全需求，第三层是爱和归属感的需求，第四层是尊重感，第五层是精神和自我价值实现需求。最下面两层的需求

CHAPTER 2 销售高手要有自己的销售风格

是物质层面的，上面三层的需求是精神层面的。根据马斯洛的理论，任何行业只要到高度竞争的阶段，就一定是在卖精神和心理上的感觉、感动。

人们穿衣服的基本需求是为了遮体保暖，但是现在人们穿衣服仅仅是为了遮体保暖吗？不然，我上次在广州火车站看到一群"非主流"，头发长到遮住眼睛，戴一副夸张的墨镜，镜片很大，把整张脸挡住了2/3。我一直想不明白，他这副墨镜既不遮风，也不挡雨，为什么戴呢？后来我想明白了，人家戴墨镜的目的就是显示自己的前卫、时尚和另类感，要的是这种感觉，而不是实用。

龟苓膏在澳门的大街上卖，价格也就是3~5元，最高也不会超过10元。但是在澳门赌场，一份小的龟苓膏就能卖到380元。有人会觉得，这么贵，傻子才吃呢。它不是卖给普通人吃的，人家是卖给澳门赌场里的人吃的。

遇到准备进场的人，卖龟苓膏的人会说："一看你精神抖擞、吉星高照、运气正旺。如果砍价，会破了你的彩头。等会儿几个亿你都能赢到，还在乎这380元？"这人一听有道理，刷卡后扬长而去。

他吃的是龟苓膏吗？他吃的其实是一个"爽"字。

如果遇到已经输了的人，卖龟苓膏的人会说："一看你的样子，就知道还会东山再起。别的不说，咱士气先不能败了。几个亿都没了，你还在乎这380元吗？"这个人一听觉得有道理，也掏钱买了。这些人吃的哪里是龟苓膏，他们吃的其实是一种感觉、一个彩头。

做销售，会问第一，会听第二，会讲第三

销售其实是有技巧可循的，主要包括问、听、讲三个方面的内容。其中，问是第一，听是第二，讲是第三。不了解别人需求的时候，你讲得越快，死得越快。因为你讲的内容，很有可能不是别人需要的，你是在做无用功。这样长久下去，反而会降低你的自信心。

电视剧《刘老根》里范伟扮演的"药匣子"，经常背个药包，去酒店客房里面卖治疗不孕不育的药。其实他推销得挺好，本来已经把药卖出去，把钱收回来了。但是，这时他犯了个新手容易犯的错误，

没有马上走人,反而坐下来跟人家聊起天来。在销售里面有个技巧,叫"销售收款,立刻走人,服务从下次开始"。就是一旦成交,销售员要立刻消失,或者立刻让客户走人,千万不要再废话。因为一多讲,客户就有可能不买了。

"药匣子"本来已经把产品卖出去了,结果聊着聊着,不小心聊出了自己的老底。人家问他:"大叔,你们家几口人啊?"他说:"我们家两口人。""为什么只有两口人呢?""我们家没小孩。""怎么没要小孩呢?""因为我们生不出来。""为什么生不出来?""具体什么原因我们也不知道,一辈子也没搞明白。"

听完这话,客户眨眨眼睛,生气道:"大叔,你这不是骗人吗?你一辈子都没搞明白为什么你没孩子,那你这治疗不孕不育的药能有效果吗!"最后人家把药退给他,把钱又拿回去了。

做销售的人一定要记住,该说的时候说,该讲的时候再讲,这个尺度一定要把握好,要记住"言多必失"的道理。在你第一次见到客户的时候,你不认识他,他也不认识你。

你首先要做的是自我介绍，不断地向人家展示自己。在讲的过程中，你再不断发问，借机了解客户的情况。你问得越多，对方讲得越多；对方讲得越多，你能了解到的信息就越多。

这里需要注意的是，销售的这三个步骤不一定要完全按照顺序来做——先问，后听，再讲。只是说在这三个步骤中，最重要的是问，其次是听，最后才是讲。

很多人在做销售的过程中，会在不经意间把"讲"放到最重要的位置上，比如下面这个案例。

有个老太太去买手机，走到柜台前面问道："小伙子，有没有适合我的手机啊？"销售人员说："大妈，我们这里什么款式、什么牌子的手机都有。比如这个牌子是……那个牌子是……这个有一个新功能，是……那个也有一个新功能，是……这个的价格是180……那个要贵一点，是580……还有一个最新款的，要更贵一点，是1280……"销售人员对产品很熟，很自信地滔滔不绝地介绍完了。

这时候可能会有两种情况出现：一种是老太太本来挺糊涂的，你给她讲明白了；另一种是老太太本来挺清楚的，结果让你给讲蒙了。

第一种是老太太听明白了。"小伙子,我算是明白了,买手机原来里面有那么多门道啊。你看这样行不行,这里毕竟是我来的第一家手机店,我再到隔壁家去看一下,我回头再决定买不买。"做过销售的人都知道,如果她说去别的地方看一下,基本上这单就黄了,她最后未必还会回来买。

第二种是老太太被讲糊涂了。"哎呀,小伙子,原来买个手机这么复杂,我还真是不太懂。你看这样行不行,我还是让我儿子过来帮我买吧。"这种结果我们也知道,他儿子即使过来了,也未必会买你家的手机了。

上面案例中发生的事,如果换一个有经验的销售人员,最后的结果就会大不相同。

老太太问:"小伙子,有没有合适我的手机?"销售人员会说:"大妈,我们有很多类型的手机,您打算花多少钱买手机?"老太太说:"我出来的时候,家里人交代我,四五百块钱就可以买一个不错的手机了。""大妈,太好了,这款手机正好450元,是

CHAPTER 2　销售高手要有自己的销售风格

今年最流行、最畅销的一款,很多大叔大妈都买了这款手机。因为它比较好操作,简单、耐用,而且电池待机时间很长。大妈,您买这个最合适了,我们这边刷卡、现金、微信支付都行,还有奖品,但是奖品有限,付晚了就没了,您想好了就赶紧下手吧。"

这个老太太听完销售人员的话,仔细想想,大概率就真的交钱了。

由这段对话我们可以知道,会卖的销售人员和不会卖的销售人员的差别很大。大家一定要懂得通过和客户的对话,达到成交的目的。

CHAPTER
3
销售高手应深谙销售步骤

CHAPTER 3　销售高手应深谙销售步骤

如果你做销售的时间久了，就会发现其中有很多的规律和技巧可循。

万事万物都有规律、技巧，我们一定要懂得按照规律、技巧、步骤来做事情。比如在销售中就有四大步骤。这四大步骤，是我多年在一线摸爬滚打摸索出来的，下面分享给大家。

我总结的销售的四大步骤分别是：

第一大步骤：销售策划。

第二大步骤：销售准备。

第三大步骤：面谈成交。

第四大步骤：销售服务。

销售的第一大步骤：销售策划

这个步骤可以具体分为五小步。这个步骤一般都是领导在做，但是对于想成为销售高手的人而言，也是需要做到的。

1. 目标制定

在销售中，所有战略策略、技巧、技术、方法都是为目标服务的，所以第一步就是要先确定目标。

比如，你做销售时被分到外省、市、县、镇里，首先要做到的一点就是对自己的目标非常清晰。你这次要么不去，要去就一定要达成目标。你必须每天吃饭也想目标，睡觉也想目标，做梦也想目标。哪天在路上人家问你："你谁啊？"

你脱口而出："500万。"只要脑子开始活动，那么第一个要想起的就是指标。一个人要想有动力其实很简单，只要你有目标，就会有动力。

一个人整天浑浑噩噩的，没有目标，他沮丧地问老师："老师，我发现你精神很好，可是我一天睡16个小时，感觉还是睡不醒。"老师说："你其实睡醒、睡不醒都差不多，因为你的人生根本没有追求，没有目标，你说你睡醒干什么？这个世界上人太多了，其实你多睡觉更好，还能给世界省点粮食。"

虽然老师的话听起来"毒舌"，但其实很有道理。人这一生，一定要有追求、有干劲，这样才能有激情地活着，才能激发出自己的潜力，创造出更大的价值来。

2. 市场调查与研究

等目标确定了，你就要走进市场，做好调查与研究，比如这个地方有多少准客户，那个地方有多少潜在客户。这就叫"知彼知己，百战不殆"。你不仅要对自己管辖的市场做充分的了解，而且要对整个市场进行彻底的调查和摸底。

想要对你所负责的区域做充分的调查了解，你就要多走访，多交流，和客户打成一片。你和客户的关系越铁、越亲近，他们就越相信你。你把他们的情况都摸透后，你运用的任何一个小技巧或小策略，都会有更好更大的效果。

你千万不要回去和领导讲："老大，我们那个地方太难做了，我负责的地方都没人知道咱们公司，也不了解咱们的品牌，我们品牌的力量在那个地方太薄弱了。"如果公司的品牌已经非常响了，还要你去干吗？任何公司都是从小到大慢慢发展起来的，在发展过程中，需要很多人前赴后继地努力工作，这就是你最需要做的事，也是你现在应该做的事。

3. 客户群的定位

定完目标，做了调查市场之后，接着就要对你的客户群进行定位。这一步需要你来决定什么样的人是我们销售的对象，什么样的人是我们要培养和发掘的潜在客户。之后你要针对不同的对象，采用相对应的方法进行分析。

这时，你要理性，有些人比较容易成为我们的客户，但有些人无论你怎么说服，他也不一定能成为客户。你要明确，应该把所有精力花在谁的身上才是最有价值的。哪些人是你主攻的对象，哪些人是你第二选择，都要在前两步的基础上慎重考虑，并详细列出来。

4. 产品的策划

做完针对客户群的定位后，你就需要对产品进行策划。这一步也很重要，做好产品策划工作，你不仅可以明确产品的定位，而且可以对产品后续如何推广有完备的计划。这样，你在面对后续出现的问题时就不会手忙脚乱了。

5. 策略的定位

在这一步，你需要决定具体采用哪些方法、策略来开辟市场。根据市场调查摸底情况，你定位了客户群，然后再定位产品，调整销售的方法，瞄准客户对象，最后达成一个一致的指标。

销售的第二大步骤：销售准备

第二大步骤也可以分为以下的五个小步。

1. 基础准备

基础准备，就是最基础的准备工作。这部分内容大多数公司都是一样的，相信大家都已经比较了解，这里就不再赘述了。

2. 客户开发与需求的准备

这一步指的是我们需要明确，应该到哪些地方，用哪些方法来寻找客户。

3. 信息搜集的准备

当客户对象定下来后，接下来就要对客户对象中的某个客户或厂家进行信息搜集，对其做进一步的了解。

4. 分析与评估

我们搜集到相关信息之后，要对其进行分析与评估，制定出对自己有利的措施。

5. 面谈公关的准备

这一步是要准备与客户见面，思考应该如何接触和公关。

销售的第三大步骤：面谈成交

面谈成交步骤的技巧最能反映出销售人员的水平。这个步骤里有十个注意事项，也可以叫作十个小技巧。

1. 推销自己

这是你跟客户见面后要做的第一件事，目的是要把自己成功地推销出去。

2. 情绪达到巅峰

当你去拜访一位客户时，必须先把自己的状态调整好。需要注意的是，你绝对不能垂头丧气，而是要非常有斗志、有激情，非常阳光。

3. 表现亲和，增强与客户的信赖关系

作为销售人员，见了客户后，你要保证能在几分钟内，用两三句话和对方打成一片，建立亲和、互相信赖的关系。

4. 建立专家、权威、顾问形象

销售人员要记住，在客户面前，你不是一个普通的业务员。你一定要能表现出你是一个专家、一个权威、一个顾问。这样，人家才会比较容易相信你说的话。

我们做销售的人要想让客户对我们无法反驳，就必须想方设法给他们营造出我们很专业的印象。

5. 了解别人的困惑、麻烦，以及特殊、隐含性的需求

这里讲到的需求，一般是指不为外人所知的需求。在销售过程中，你肯定会遇到很多不同类型的客户，在他拒绝你一次、两次之后，你可能都不了解他到底为什么拒绝你。这时你需要知道的，就是客户真正的需求。知道了客户的需求，你就可以有针对性地对他进行推销，成功率也会大大提升。

6. 扩大需求，刺激需求，制造渴望，挖痛点，引导需求

当我们真正知道了一个人的需求、困惑、麻烦及他的所思所想之后，下一步就是扩大需求，刺激需求，制造渴望，挖痛点，引导需求。

挖痛点，其实就是制造紧张感、紧迫感。一瓶水平常可能只需要一元钱，但是要把它放在沙漠里，这一瓶水的价值可能就不止一元钱了，几千元、上万元都有可能。这就意味着，一个产品的价格不仅取决于它的成本，而且取决于客户的渴望度。客户越口渴，这瓶水的价值越高；客户越不口渴，这瓶水越不值钱。

所以，一个产品，客户是希望快点买，还是慢点买；是高价买，还是低价买，其实很大程度上并不取决于产品的成本，而取决于客户对它的渴望度或急切度。这里再举一个和医生相关的例子。

一位医生拿着病人拍的X光片过来，说："先生，我建议你住院治疗。"病人说："医生，我不方便请假，你能不能想想其他办法？或者给我开点药，让我先回去上班。"医生说："我还是建议你住院治疗。"病

人接着请求："医生，我真的很难请假。"医生说："我只能这样讲，建议权在我，决策权在你，后果责任自负。"

医生这句话一讲，病人一下傻了眼，追问道："医生，我的病真的有这么严重吗？"医生回答："我建议你住院，因为我也不清楚它是良性的还是恶性的，万一它是恶性的怎么办？错过了最佳治疗时间，问题可就大了。我相信等你真的病情加重的时候，任何假你们公司都会批的。"

医生这话讲完，病人再也不敢乱说话了，只能乖乖地说："那我还是住院吧。"

病人很少会跟医生讲条件，也很少去怀疑医生的权威性，就是因为医生可以轻易地抓住病人的生存需求。做销售的人，就技巧层面而言，有一个重要技巧就是挖痛点，如果你能明确了解到客户的痛点，那么客户就会被你所说的需求抓住，心甘情愿地下单。

我们对待客户，也要时刻关注他的"痛点"，努力挖掘他的新需求点，这样才能持续不断让他对你有兴趣。

一个七八岁的男孩,看到妹妹拿着一个小玩具车在玩儿,就想要过来玩一玩:"妹妹,你的玩具车给我玩一下,好不好?"妹妹说:"不给。"这个男孩在家里翻箱倒柜,最后找到了唯一的一根香蕉,因为妹妹最喜欢吃香蕉,所以他想到用香蕉去交换妹妹的玩具。

他走到妹妹面前,把香蕉拿出来,咬了一口,并且告诉妹妹:"妹妹,家里就这一根香蕉了,你看着办。"这时妹妹会说:"哥哥,给我咬一口,我把玩具车给你玩一会儿行不行?"这个时候,男孩并不理妹妹,又咬了一口香蕉,和妹妹说:"妹妹,还有两口,你看着办。"妹妹急了:"哥,你就给我咬一口,我把玩具车给你玩一天行不行?"结果男孩又咬了一口香蕉,对妹妹说:"妹妹,就剩最后一口了。"妹妹再也憋不住了:"哥哥,哥哥,你给我咬一口,玩具车你想玩到什么时候就玩到什么时候吧。"

最初,这个哥哥是想用一整根香蕉换玩一会儿玩具车的机会,后来他不断增强的妹妹需求,用一口香蕉换来了不限时间的玩儿玩具车。你能不能成交,在于你会不会制造对方的渴望。对方越渴望这个东西,你就越容易和他成交。这是销售在技巧层面来说最厉害的招数之一。

这里,给大家提供我常用到的两个方法,要想和客户成交,销售人员可以从以下两个方面刺激他:

第一,不断地告诉他,你们公司有多么优秀;

第二,不断地告诉他,他现在有很多危机和危险,后果特别可怕。

7. 方案呈现和产品讲解

这一步就是把你的产品或服务,通过讲解和介绍与客户的想法联系起来。你要做到先了解客户的想法,知道什么是重要的,什么是需要完成、修复,或者避开的,等等。

8. 干掉对手

任何公司都有竞争对手,大家无时无刻不想打败对手,但是做销售时一定要记住:千万不要在客户面前随意打击竞争对手。

如果一个人在你面前讲别人的坏话,作为正常人,一般你都会对他产生不好的看法。作为销售人员,你不要去讽刺别人，打击别人。要让客户用他的嘴巴把你的竞争对手干掉。

我们不直接打击对手，但是我们一定要展示自己的优点。世界上没有最好的产品，只有更适合的产品。我们要想方设法地引导对方，开导对方，告诉他我们的产品更适合他。这样，你才能更容易打败竞争对手。而且，这种方法是让客户自由选择，让客户主动挑选你的产品，会增加他对产品的信任程度。

9. 消除他的担心

不管你怎么讲，客户心里肯定还是有很多担心、疑虑和不确定，所以这一步你就要消除他的担心，让他放心购买你的产品。

10. 迅速"逼定"、积极成交

"逼定"，就是"逼迫"他交定金，这属于销售行业中的暗语。迅速地"逼定"，然后积极地成交，你这一单就算成功了。

销售的第四大步骤：销售服务

第四大步骤里也有五个小步骤。

1. 及时兑现承诺

及时兑现承诺，一个人一定要言而有信。在销售过程中，客户可能会后悔，或者产生一些新的担心。面对这些情况，你一定要信守承诺，千万不要做背信弃义的事情。

2. 超出客户期望值的服务

新老客户都很重要，但是在我看来，更重要的还是老客户。

有一个小餐馆，你今天吃、明天吃，已经成了它的常客。但是有一次你去吃饭，餐馆的生意很火爆，老板娘对你说："哎呀，小刘啊，你是老顾客，今天稍微担待一下，那边来了几个新客人，我先照顾一下他们。"

这种做法对不对呢？其实是不对的。因为老客户才是公司最重要的资源。你已经在这里吃了几个月了，只要老板做得不是太过分，你很可能会继续吃下去。但是新顾客，他是第一次吃而已，以后可能未必还在这里吃。

所以，你要重点盯着那些已经和你们公司合作、给你们公司交了定金，或者做了一些转介绍的客户，这些人才是你需要重点关照的客户，千万不要得罪他们。

3. 密切关注他的动态

有很多人虽然交了定金，但是后续未必会最终成交。所以你要盯紧他，一旦他有成交意向，或交了定金，千万不能让他轻易退回去，最好让他参与下一步活动。等相处时间长了，他才会有安全感。

其实很多人都希望能够找到一个能给他做指导、提供意见的人。他和你走得越近，他就越相信你。客户越相信你，尾款就会交得越及时。

4. 建立客户档案，长期互动

这一步也叫客户关系管理，就是要你与客户长期保持联系，尽可能保存他的一些基本信息，方便日后随时联系。

5. 要求转介绍

最后一步是要求转介绍，就是要求客户把身边的好朋友、好哥们儿都介绍过来。做销售日子长了，客户更加信任你之后，往往就会把他的哥们儿朋友都带过来。掌握了这个转介绍的功夫，会对你的指标完成有很大的帮助。

以上是整个销售的流程，包含了四个大步骤和二十五个要点。如果你想做好销售，一定把这些步骤熟读硬背，记在脑子里，以后做销售时就按照这些步骤来。而且你要记住，销售技巧只占两到五成，做人做事要占五到八成。

当然我们做销售的，也不能完全死守这些步骤。假如客户都要成交了,过来问你:"帅哥,你这里是刷卡还是现金?"结果你说:"大叔,稍等一下,臧老师说销售有四大步骤,我第一步还没做呢。"这就闹了大笑话。

上面的内容是我按照一般做销售的步骤来给大家推演的。其实很多时候,你和客户在互动的过程中,主要还是看客户的基本状况,然后灵活应用这些步骤。

CHAPTER 4

销售高手要有扎实的销售基础准备

CHAPTER 4　销售高手要有扎实的销售基础准备

专业知识的准备

销售人员没事的时候要多到图书馆，多找一些书看，小到关于你的专业知识，大到人生成长、人生规划方面的书籍。多看看，多了解，怎样才可以改变命运，怎样才能迅速迈向成功。

等将来你的客户遇到这方面的问题的时候，你就可以很清晰地给他们解惑。小到一个商品的选择，大到遇到人生十字路口的选择等问题，你都可以给他们答案，为他们指明方向，这样客户就会对你更加信任了。

行业动态与关注力的准备

你不但要知道自己的情况,也要知道对手的情况;不但要知道国有企业的优点在哪里,也要知道民营企业的优点在哪里。你要把利弊、优劣、得失都分析得很清楚,特别是对自己公司的优点,你要记忆更加深刻。当客户问你们公司或与行业相关的问题时,你就不会慌乱了。

此外,你还需要提高自己的关注力,因为人是习惯性的动物,更是注意力的动物。你注意什么,往往就会在那个方面成就什么。

关注力对人们来说十分重要,它还会影响到人们的心态。你关注积极的事情,你就是一个积极的人;你习惯看消

CHAPTER 4　销售高手要有扎实的销售基础准备

极的事情，你就是一个消极的人。在社会中，公平与不公平是同时存在的。不管你是在国企还是在民企，是在国内还是在国外，其实有很多地方都是不公平的，并没有完全的公平。关键就看你是盯着公平，还是盯着不公平。而且，你的关注力不要总是集中在别人的事情上，应该更多地关注你自己。

小王在一家日用品公司做销售工作，和她同时进公司的还有小姜，两个人被领导安排到了不同的项目组工作。虽然不在一起，小王却忍不住老是想打听小姜的工作情况，比如销量是不是比自己高很多。刚开始时，领导还觉得小王是因为有上进心，又和小姜同时进入公司，所以才格外关心小姜的工作情况。后来，领导发现小王太过于关注小姜了，甚至超过了关注自己的客户和项目，就对小王有了不好的看法。

其实二人面对的项目情况并不一样，单纯的销量比较并不能说明谁更优秀。可惜小王没有明白这个道理，把重点完全放到了别人身上，影响了自己的工作进度，甚至会使自己失去这份工作，这就太得不偿失了。

一个人连自己都管不好，还怎么管别人？一件小事情你都做不好，还怎么当领导？如果你能把自己的关注力集中在公司和产品上，同时多多注意行业里新的动态，那么你的自信心自然会很强，在给客户推销产品时，客户也会不自觉地被你的自信吸引，进而开始信任你，购买你推荐的产品。

有一些销售人员的状态是，听公司领导介绍完公司的产品之后，热血沸腾，激动万分，对自己充满了信心。可是一到市场，才发现根本不是那么回事。别人家的产品有牌子、有知名度，资金实力雄厚，客户众多。而自己公司的产品无人问津，门可罗雀。于是一两个月之后，他的内心极其痛苦，跟领导抱怨道："领导啊，咱们这个不行，那个也不行……"

到了这时候，就是销售人员能否变成销售高手的分水岭了。大多数人会对自己的公司或产品失去信心，进而开始消极对待，最后等待他的只能是辞职或转行。销售高手遇到这种情况，首先会分析公司或产品的优缺点，再与市面上的同类公司或产品做比较。

所以，在与客户交往前，销售高手就已经胸有成竹，对于自己公司产品的优势摸得一清二楚了。再给客户介绍时，客户看到他口若悬河，对自己及行业里的产品如此熟悉，自然会信任他说的话，之后的购买和成交就是水到渠成的事了。

你要想成为销售高手，就必须从现在开始，死死盯住自家公司的优点,同时了解行业内同类产品的优点,然后你就会对自己更有信心,也能更有激情面对你的客户,最终更加慷慨激昂地去影响他们。

状态的准备

销售人员的体能及状态很关键,一个人很有激情,精气神十足,他在做事情的时候就很容易说服别人,别人也会在不经意间被他影响。

你会发现,很多时候人的状态好不好,做销售工作时效果真的是天差地别。比如,很多公司的销售人员需要经常给客户打电话,但是电话打得多了,有的客户就会把电话直接挂了,或者接起来说一些难听的话。发生这种情况,除了客户本身的原因外,销售人员自己有没有责任呢?

我们公司也是采用电话销售的方式,每天每个销售人员必须打电话给50个客户，把他们邀请到公司，目的当然是把房子卖出去。通过观察我发现，销售人员的状态好不好，对打电话的效果影响还是很大的。

状态不好的销售人员，打电话是："喂，你是××先生/女士吗？我是××公司的。我们公司有个新的楼盘，你有没有兴趣了解一下？""噢，没有时间啊？那不好意思了，对不起，打搅您了。"一下就挂了电话。接着他又打通下一个电话："喂，你是××先生/女士吗？我是××公司的。我们公司有个新的楼盘，你有没有兴趣了解一下？""哦，暂时不考虑啊。那不好意思，打搅您了。"又挂了。就这样打电话，他打到外星球去都没有用，还浪费电话费。

如果换一个状态好的销售人员打电话，得到的效果立马就不一样了。只要他在状态，有激情，再加上话术比较熟练，给人的感觉就会很有自信。哪怕最后这个电话的结果相同，但是因为过程不同，留给客户的印象自然也不一样。

这类销售人员打电话会说："喂，你是王先生吗？我是××公司的××，我们公司有新的楼盘，有兴趣了解一下吗？""哎呀，王先生，其实像你们这些成功人士很忙，那是很正常的，哪个成功人士能不忙呢。时间应该用来做什么，当然是做一些重要的事情。当你认为这件事情很重要，你就有时间；当你认为这件事情不重要，你就没时间。先生，你说我讲得有没有道理？""哥，说白了，机不可失，时不再来，赶紧过来看一下吧。""啊，怎么没时间？哎呀，哥，说真的，时间就像海绵的水一样，你不挤，它就不出来。你挤挤，它不就出来了吗？""王哥，你看你是今天过来呢？还是明天过来？""噢，王哥，其实不是我烦，换位思考一下，如果你们公司员工都像我一样，积极主动推销你们公司的产品，那你们公司销售业绩提高两倍、三倍，甚至五倍以上肯定都是没问题的。王哥，你说我讲得有没有道理？""王哥，其实你拿出二三十万，我给你放到楼市上……"

有人会说："老师，你要是这样打电话，早就被人家给挂了。"虽然这种电话确实比较容易被别人挂断，但这种打电话的方式给别人留下的印象就不同了，客户对你们公司的印象自然会比前面那种深刻许多。原因如下：第一，你的话术比较熟练；第二，你的状态比较好；第三，你的自信度、流畅度都很棒。气势、自信会影响到你的语音、语调，进而也能影响到你的销售水平。

做销售的人要记住，销售能否成功，就是看你自己能不能再讲一遍话术，再打一个电话，再去拜访一次客户。做销售其实就是无限次的"争取"，需要你步步紧逼，才有可能取得成功。想达到这种目的，就要努力提高你的体能及状态，它们是你能否展现你的"争取"精神的根本基础。

沟通的准备

人和人之间的沟通，主要靠三个渠道进行：

第一个渠道是语言文字；

第二个渠道是讲话的语音、语调、语气；

第三个渠道是生理语言，包括你讲话时候的眼神、动作、表情等，也叫肢体语言。

把这三个渠道传递信息的影响力、震撼力、说服力做比较的话，你认为哪个更强呢？以前我认为最强的一定是语言文字，经过无数次销售工作的历练，以及这十几年的摸索后，我发现，人和人之间沟通、传递信息最真实，而且最有杀伤力和影响力的，其实不是语言文字，而是生理语言。

CHAPTER 4 销售高手要有扎实的销售基础准备

生理语言是最具有影响力的，排在第二位的是讲话的语音、语调和语气，影响力最差的是语言文字。

有一天，公司的大领导突然到访小刘负责的市场。他看着小刘说道："小刘啊，你可以啊！你行啊！你可真高啊！"领导话音未落，小刘已经开始两腿发抖了。虽然领导的讲话内容是正面的，看似是夸奖，可是语音、语调、语气和眼神，表现出了完全相反的意思，这让小刘害怕不已。

除了生理语言外，人和人沟通时的语音、语调、语气等也很重要。你作为销售人员，要思考怎样把话讲得更有艺术，更有杀伤力，更具影响力。

作为销售人员你与客户进行沟通的时候，三个渠道要同时开放，表达的意思要带有高度的一致性。要么不讲，只要开始讲话就一定要铿锵有力、娓娓道来，最好配上一些肢体动作。就像我讲课讲到关键时刻，我的动作、眼神等都在配合我的语言。

销售人员一定要会讲话，把话讲得清楚明白，讲得激情澎湃，就会对客户产生更大的杀伤力、影响力和震撼力。

小刘在一家传统制造公司当销售员，他刚工作没多久，经验不多，所以每次拜访客户时都很紧张。有一天，他去拜访客户李总，目的是给李总介绍公司的新产品。小刘见到李总后，先介绍了新产品的功能，之后把详细的产品说明书拿给李总阅读。李总粗略翻了一下说明书，本来紧皱的眉头逐渐展开，身体也往小刘坐的那边前倾，提高音量问道："这个机器用的是最新的技术吗？我怎么感觉一年前就看过这种技术了？"小刘听完这话，心情立马沉了下去，以为李总和之前几个客户一样，是对产品不感兴趣才找这种理由来变相拒绝他，因此也没了解释的动力，只是随便说了几句。李总听出了小刘言语中的敷衍态度，虽然他对这个新产品很感兴趣，但还是生气地拒绝了小刘。

小刘因为没有注意到李总的肢体动作，也没有在李总说话时认真观察他的语音语调，只是单纯地从语言文字来判断李总是否对产品感兴趣，最后失去了有极大可能交易成功的机会。

所以，会沟通的人，根本不会太在意对方具体讲了什么内容，而是重点看对方的生理语言，观察对方说话的语音、语调。你做销售时要特别记住，宁愿得不到客户的需求，也不要得到错误的需求；宁愿得不到信息，也不要得到错误的信息。

比如，当客户嘴上说"不行，不行……"时，你要搞清楚，客户说的是真的不行，还是客气一下。你要从他的语音、语气、语调来综合判断，而不是光分析他说的语言文字。有时语言文字说的"不行"，但语气里的意思是"没什么不行"。此外，你还可以看看他的肢体动作，有人嘴上说着"不行"，但身体很诚实，坐得反而离你越来越近。

精神、使命和责任的准备

当你真正做自己喜欢的事情时,从来都不会觉得累,这就是你的精神和责任在后面支持着你。很多人曾跟我说:"臧老师,你一年讲三百多天课,可一定要注意身体啊。"当他们和我说要注意身体时,我往往会回一句话:"身体是很重要,但是精神更重要。"我想表达的意思是:"一个人,当他心中有目标、有梦想,让他做自己喜欢的事情时,他根本不会觉得累,反而会觉得自己是在享受。"

生活中,有人喜欢打麻将,有人喜欢爬山,有人喜欢喝酒,有人喜欢看书。还有一种类似我这样的人,喜欢讲课。一个人能不能把一件事情做好,就看他是不是真的喜欢那份工作。当他真正发自肺腑地喜欢这份工作的时候，就会释放出巨大的动力和能量。

肯定有人会说："老师，问题是我现在不太喜欢我的工作，怎么办？"如果你是一个年轻人，不管在公司的什么岗位上，只要觉得自己不喜欢，就请你马上转行。这对你好，对公司也好。但如果你不喜欢这份工作，但又不是非常不喜欢，这个时候，千万不要轻易放弃。因为大部分人都有一个毛病，叫"干一行，讨厌一行"。

一个人要是不喜欢一份工作，有两种可能：有一种可能是他真的不喜欢；另一种可能是他做久了变得不喜欢了，也就是干烦了，新鲜感过去了。如果你是第二种情况，在这个时候，你一定要耐得住，又能坚持得住。不然即便换了新的工作，过一段时间，你又该不喜欢这份工作了。

一个人在一个地方犯一次错，有可能是别人的错；在一个地方犯两次错，可能是他自己有一点问题；在一个地方犯了三次、四次错，很有可能他自己就是最大的问题。同样，一个员工跳槽一次，可以理解；跳槽两次，可以理解；跳槽三次、五次、八次、十次，就很难让人理解了。

一个人喜欢一份工作，也分两种情况：一种是先天就喜欢；一种是后天干出成绩，干出人生的成功后，开始变得喜欢。后面那种情况，因为很多人给他掌声和鲜花，他会慢慢尝到工作的甜头，所以越来越喜欢这份工作。

　　人生能成功的只有 20% 的人，这些人往往都在做自己喜欢做的事情。所以要么不做，要做就做你喜欢的事情。一旦选择，就不后悔；一旦选择，就不放弃。有了这样的精神准备，相信你再遇到工作上的困难时，就不会轻易放弃了。

CHAPTER 4　销售高手要有扎实的销售基础准备

销售高手从爱出发

作为销售人员的你,身上有担子,肩上有责任。你的每一个动作,将会关乎一个产品、一家企业,甚至一个人一生的命运走向。很多时候,你不仅仅是在做销售,也是在帮助人家实现更加完美的生活。所以,我们不是去推销产品,我们是卖服务、卖"爱"的。

很多人说:"老师,我做销售跟客户沟通的时候,心老是怦怦地跳,老是觉得自己在骗人。"产生这种心理,是因为你对自己一点都不自信,没有从大爱的角度出发,自然也就不能影响到客户了。

2009年6月1日，法航飞机在大西洋上空失事，飞机上的人全部遇难。第二天，我坐飞机从大连回深圳。不知道怎么回事，那天我坐飞机时心里很紧张，手脚老是抖，而且手心都是汗。可能是前一天看了飞机失事的新闻，所以第二天我一直心惊肉跳的，觉得飞机到万米高空后还在严重地颤抖。特别是遇到气流颠簸的时候，我的脑子一片空白，心想："如果我能平安回到深圳，我一定多买七八份保险。"

后来，飞机平安降落到深圳，太阳还在，土地还在，心脏还在跳动，我还活着。最重要的是，我的保险还是原来那几份，并没有多买一份。

通过我的亲身经历，我想说明的是，一个人不和你们公司合作，最终没有成交，很大可能是因为他"好了疮疤忘了疼"，也很可能是他当时脑袋没想明白，心里没转过弯，暂时资金没有准备好。这时，你的工作就是把自己对客户真诚的"爱"传递给他，让他感觉到你说的话、做的事都是为他着想的。

比如买保险这件事，一个人如果真的发生意外，多一份保险和少一份保险的差别会很大。万一意外发生了，有可能因为多买了一份保险，让自己的孩子将来有很好的上学机会；有可能因为多买了一份保险，父母可以安享晚年，老人家过得平安健康；有可能因为多买了一份保险，可以减轻一些妻子的痛苦。

所以你根本不是简单地在卖保险，你是在帮助大家，让他们的家庭有保障、孩子进步、老人平安，进而促进社会和谐，人类发展。所以你根本不是卖保险产品，而是在卖"爱"，卖的是你对客户、对社会、对世界的爱。

CHAPTER
5
销售高手应熟练掌握客户开发技巧

CHAPTER 5 : 销售高手应熟练掌握客户开发技巧

陌生拜访有方法

陌生拜访、陌生开发虽然有时候效果不是非常好，但也是我们必须学会的一种方法。你拜访接触一个新客户，方式不外乎是通过网上聊天或者打电话，或者产品说明会，其中最重要的一种方法就是走访。你要多做这项工作，因为做陌生拜访、陌生开发的时候，很大程度上能够给你提供四个锻炼提升能力的机会：

第一，锻炼你的胆量；

第二，提高你的破冰能力；

第三，提高你的营销意识；

第四，提高你对市场的熟悉程度。

学会抓最有影响力的客户

你在开发客户、寻找客户的时候,一定要去抓最有影响力的人。"物以类聚,人以群分",每个人一定都有三五个交往比较多的亲戚朋友,你在开发客户的时候,一定要记住抓住其中最有影响力的人,这叫"擒贼先擒王"。只要能把他搞定,他就很可能把其他亲戚朋友都推荐过来。

中国南玻集团股份有限公司是生产玻璃的。有一次我给他们讲课,我问:"你们生产的玻璃卖得好不好?"他们说:"卖得非常好,中央电视台的玻璃幕墙就是我们的产品。"我问:"那个项目怎么样?"

他们说:"不怎么挣钱。"我问:"为什么不挣钱?"他们说:"臧老师,你可不要忘了,那可是中央电视台啊。"我问:"不挣钱为什么你们还要做?"他们说:"臧老师,他们是中央电视台呀,我们只要能把这个项目拿下来,那么地方电视台就非常容易谈成了。"

这就是"擒贼先擒王"的道理。比如有很多房地产开发商把房子盖好之后,会打广告说××明星已经提前在我们小区落户了。这种做法,就是想变相提高小区的知名度,提高小区的附加价值。

所以,做销售一定要抓住客户群中最有影响力的那个人,他可以让你达到事半功倍的效果。

开发客户要懂得专注

在市场里开发客户的时候,你一定要懂得专注,不要把精力分散了。比如你负责的地区就几个客户,结果你把注意力还分散了,那么最后你可能哪个客户都控制不住。注意力分得越散,你的力量越单薄。其实你应该瞄准一个市场、一个区域,并以此作为你主攻的对象。应当在一段时间里团队中的几个人一起去"轰炸"一个地方,再过几天一起去"轰炸"另外一个地方,这叫"集中优势兵力,各个击破"。千万不要把你的兵力给分散了,因为你的兵力一分散,市场也可能就此失去了。

专注重点主要指三个方面:第一是专注区域,第二是专注对象，第三是专注时间。也就是说，一个团队的人在不同的时间做不同的事情，之后要在某一时间一起专门做固定的事情。这样团队开发客户寻找市场，速度就会比较快了。

以前我有个公司的产品是跟点击竞价排名相关。其实，这个产品是很多行业、很多公司都需要的。但是因为我们公司精力有限，后来只能放弃了。

有一次，我的业务员跟我说："臧老师，我明天上午要去深圳东边的罗湖区地王大厦拜访一家公司，下午去深圳西边的宝安区拜访另外一家公司。"因为深圳市东西距离很远，这两家公司他一天能拜访完就不错了，所以我说："天哪，难怪你效率那么低，业绩那么不好，因为你太不懂得专注了。"

其实懂互联网的人应该知道，要查一家公司的完整信息，完全可以先在网上搜索一下。比如我要找地王大厦里的一家公司，就可以先在网上搜索深圳罗湖区地王大厦，然后就能搜到在地王大厦所有公司的网站了。只要我能够把这家公司的网站找到，就可以找到他们公司的前台电话，知道他们公司是卖什么产品的。然后，我就可以把电话直接打到这家公司的前台，告诉前台我要买他们公司的产品，让前台帮我转到营销部（因为营销部的人，相对来说防范意识比较差），这种情况下的成功率相对是比较高的。

电话只要转到营销部，我就跟他说我要买他们公司的产品。营销部的人员针对上门来的生意，肯定一听就会觉得是机会，会主动把公司的产品讲几分钟。这个时候我再随便问他一下公司老板姓什么，他一般都会说出来。比如："我们公司老板姓郭，他叫郭振峰。"他为了讨好你，把产品卖给你，甚至会把他认为无关紧要的事情告诉你。

知道这些情况后，我把电话一挂，立刻打第二个电话过去："喂，你是××公司的前台吗？请问你们郭老板在不在？""不好意思，我们郭总今天出去了。""他出去了？那你把他的手机号码告诉我吧，我自己去找他。""抱歉先生，我们公司老板的电话号码是不能外传的。""你知道我和你们老大是什么关系吗？你们老大的名字叫郭振峰。你信不信我可以让你立刻卷铺盖走人？"我这两句话如果语气强硬点，前台姑娘可能就会开始害怕我的身份。接着，我再语气缓和地说："姑娘，告诉我一下他的号码是多少，我有急事要找他。"

一般情况下，前台都会乖乖地把老板电话给我。等我把电话一挂，再拿起来打第三个电话："喂，请问你是××公司郭总吗？我是××公司的××，我们公司有这么一个产品……你看我们是今天见面，还是明天见面？"

按照这种方法，我可以5分钟就套到一个公司老板的手机号码。我虽然不能保证百分之百的成功率，但至少20%还是可以的。

我当时做销售，只用3个小时的时间就把深圳地王大厦上好几个老板的手机号码套到了。当然，我也没有指望全部套到，反正我有10个号码了，我就打电话邀约见他，不管他见还是不见都无所谓。第二天早晨，我就到深圳地王大厦，从楼上到楼下，翻他个底朝天。让我见面的，我就见一见。不让我见面的，我就混个脸熟。见面后行的就握个手，实在不行的就递个资料，下次继续"骚扰"。

除了专注市场区域，你还需要专注思想、专注时间。

我永远记得我在农业银行讲课的时候,一个小姑娘说:"臧老师,你这招我早就用上了,而且我发现这招真的非常管用。臧老师,你知道吗,我在银行里是负责拉存款、放贷款的。我根本就不出去乱找,只找房地产这个行业的客户。结果,我的绩效比别人多了很多。"

后来我一了解才知道,原来她之前就整天和房地产圈子的人打交道,房地产公司的需求她全都知道。比如房地产公司什么时候要用钱,什么时候不用钱;什么时候资金紧张,什么时候资金不紧张。房地产圈子里的大老板、二老板、三老板,她都比较熟悉,推销起来自然就手到擒来了。

不管做什么事情,你都要懂得专注。这样你才能集中优势兵力,各个击破。

CHAPTER 5　销售高手应熟练掌握客户开发技巧

善于借助官方、半官方组织渠道

我们做销售的人要想找到关键决策人，如果没有很多渠道，是很难实现成交的。你单枪匹马到处去拜访客户，成交的难度非常大，所以你要善用渠道。很多时候，善于借助渠道，使人成功速度加快，可以达到事半功倍的效果。

我的一个朋友问我："臧老师，我想在一个城市里搞一场公开课，提高公司知名度，你说我应该怎么做？"最常用的方法是，打电话邀约客户来听课。但是，打电话邀约客户来听课的难度非常大，很多人课听得多了，就不愿意来了。所以我给他出了一个主意，我说："你一定要善于借用一些官方、半官方的社团和组织，这样会有效提高你的邀约成功率。"

比如，一家美容院有很多会员，你根本不需要自己去打电话找那些会员，你只要和美容院的老板谈判，告诉他你们要搞一次大型论坛，内容是关于企业家如何经营公司、提升公司效益的，这个论坛对他们很多会员都会有很大帮助。

如果美容院老板认可了你的想法，认为这对他的会员朋友是一次很好的帮助和提升，那么你可以给他10个优惠名额，让他联系会员。原本价值1000元的门票，可以只收美容院老板100元，剩下的900元利润都让他赚，多招来的会员按门票价格的五折结算。最后，美容院老板会特别高兴地把他的会员统统在论坛当天送到会场来。

其实，用这种方法还可以和银行谈，和饭店谈，和各个行业机构谈。最后，你有可能会把这个城市里的很多老板，集合在一个场地里。然后，经过你们一天的宣传和演讲，就可以很快把你们公司，在这个城市里推广出去了。

对于一些利国利民的公益及半公益项目，我们还可以多关注政策，比如借助政府发文，借助官方组织，或者类似协会、商会等半官方组织，从他们手里面得到大批资源和信息，这对你开发和寻找客户会有非常大的帮助。

多做产品推介会

产品推介会相信做销售的人都比较熟悉，这是与客户增强亲密关系的重要渠道之一，下面这个例子就生动形象地向我们展示了开产品推介会的好处。

保险公司的业务员把很多客户都邀请到了酒店里面，找了一个非常能说会道、有激情、有力量的人，疯狂地给客户讲了半个多小时"伟大而光荣"的保险事业，最后把很多客户都讲得热血沸腾，激动万分。最后，灯光慢慢暗下来，开始播放一些视频和照片，比如一个幸福的三口之家出去旅游，结果老公一不小心出了车祸。从此可怜的女人带着可怜的孩子过着可怜的生活。这种照片和视频循环播放，很感人，最后灯光漆黑一片。老师的嗓音逐渐沙哑，同时煽情的音乐慢慢响起，导致很多人开始发出抽泣。

这个时候，会场后面的门被悄悄打开，销售人员慢慢地走进教室，开始给客户发纸巾，一边发纸巾，一边跟他们说："王姐，上次我跟您说的保险AB卡，你觉得哪个卡比较适合你？"

客户抽泣着说："两个都适合，两个都适合……"销售人员对客户说，"王姐，今天现场有促销优惠，机不可失，时不再来。王姐，现在您就把卡刷了吧。"

等王姐刷过卡之后，礼仪小姐会马上端一杯红酒过来："王姐，感谢您这么短的时间内能够做出如此英明的决策，您太厉害了。来，我们干一杯。"几杯酒下去，王姐的脑子开始发蒙了。等人家把麦克风递给她，她开始替销售人员说话了："各位，保险很重要，保险人人都需要。刚才我看到这个视频，就发现视频上的事和我一个朋友发生的事是一样的。他们现在一家都过着很可怜的生活。各位，一定记住保险非常重要。因为你根本无法预知,意外和明天哪个会先到来。"

经过王姐的渲染,又有一部分人刷卡了。接着,刷单后的人会被带到后面的会议室,由相关的领导继续陪他们聊天,使他们的心灵慢慢安慰平和,让他们感觉买了保险就是好,买了保险就是比不买强。

CHAPTER 5 销售高手应熟练掌握客户开发技巧

广结善缘，多结识客户

世界推销大师乔·吉拉德说："我看到世上的人在走路，都仿佛看到钱在移动。我看到你口袋里鼓鼓的地方，就感觉那地方放着我的钱，只是暂时保存在你的钱包里而已。"在销售高手眼中，他们看到的所有人都是可以利用的资源。

有一次我到齐齐哈尔讲课，飞机到哈尔滨，从哈尔滨到齐齐哈尔还有四个小时的路程，需要我转乘火车前往。我上火车之后，看见自己的座位边坐着的是几个大学生。一聊才知道，他们有的已经毕业，有的正在实习。他们都打算去深圳实习，我正好是从深圳来的,就想着我们肯定会有很多共同语言。于是,我当时就很想把自己的成长经历、内心感慨,还有我这一路走过来的奋斗历程分享给他们。但是我发现,我怎么跟他们聊,他们好像都不太感兴趣。我心想:"哎呀,算了,既然你们都不感兴趣,那我也就不理你们了。"

后来我就闭目养神,听他们几个聊天。他们几人聊来聊去,都是在抱怨社会,说社会不公平,没有好机会,找不到好工作。公司都不太好,老板都不是人,领导都没人性。仿佛天底下只有他们几个人才是人才。

当时我的内心好痛苦,他们怎么可能没有机会呢?怎么能一直在抱怨呢?其实把他们眼前的我搞定了,他们恐怕什么问题都解决了。我到处去讲课,一年讲三百多天,认识多少老板和企业家。我想给他们介绍份工作,那还不容易吗?我自己也投资了七八家公司,这些公司也是需要人才的,我怎么可能没有机会给他们呢?可惜的是,他们并没有想着和我建立关系,大好的机会也就只能这么溜走了。

所以人这一辈子，一定要广交善缘。特别是做销售的人，更要时刻有广交善缘的意识。你遇到的每一个人，都应该是有用的资源和信息。你一定要有这种责任感、使命感。如果你有这种看法，有这种认识，那将来肯定会成就非凡。

珍惜老客户转介绍的客户

前面讲过，老客户转介绍是开发客户的一个非常好的方法。比如有些客户已经和你合作，交过定金了，你完全可以让这些人给你转介绍客户。因为老客户转介绍带来的客户，往往比你自己开发新的客户容易成交很多。因为每个人都有自己的小圈子，圈子里的人之间更有信任感、安全感，他们更相信自己熟人的推荐。这和你自己去开发客户的情况完全不同，自己开发新客户有一个从陌生到熟悉的过程，新客户是逐渐对你产生信任的，转介绍来的客户因为对自己熟人的信任而对你自然带有信任。

CHAPTER

6

销售高手应洞悉成交关键

CHAPTER 6　销售高手应洞悉成交关键

和客户打成一片

想要和客户打成一片，主要是看他对你的信赖感如何。首先，你要厘清思路，究竟怎么做才能让客户对你产生信赖感。根据我的经验，那就是和客户搞好关系，明白：

第一，销售就是搞关系；

第二，关系来自创造；

第三，关系来自主动出击；

第四，关系是人类生存的法宝；

第五，有关系时用关系，没关系时找关系，找不到关系时创造关系。

客户认不认可你、信不信任你，你最后的成交率完全不一样。戴尔·卡耐基的《人性的弱点》,我建议销售人员都看看。这本书的序言上有一句话:"一个人事业的成功,15%靠自身的努力,85%取决于良好的人际关系。"点明了人际关系对人们的重要性。

在社会和生活中,人们是有关系时用关系,没关系时建立关系,建立不了关系时创造关系,创造不了关系时,也要努力想办法和对方产生关系。这么做的目的,是刻意通过某种环节,使你和对方的感情加深。

直到今天,我还保留着一个习惯。我只要一进电梯,就会往有按钮的地方站,这是我以前做保险时养成的习惯。因为近水楼台先得月,我进电梯靠近按钮,就有机会帮助同乘电梯的人,很容易就能和他们产生关系。

我进电梯,就笑眯眯地往按钮旁边靠,用我高大的身躯把按钮挡住。别人没办法按按钮,只能通过我来按。我就问:"你们都去几楼啊?"等他们告诉我之后,我就开始按按钮。因为我帮他们按按钮,他或多或少在心理上都感觉欠我一点东西。我来之前,根本不知道进电梯的这几个人,有没有可能就是我接下来要拜访的领导或客户。不管他是谁,我早一分钟认识就要比晚一分钟强。按过按钮之后,我微笑着挨个把他们看一遍,看哪个人朝我也微微一笑,我心里就断定,这个人好建立关系。随即我把名片一掏:"先生,认识一下,我是保险公司的。"

很多人说自己也用过这种方法接触别人,但人家根本就不理他。其实人家不理你,这太正常了。我们是做销售工作的,经常会热脸去贴人家冷屁股,所以发生这种事一点也不奇怪。要是哪一天你进了电梯,有人主动来搭理你,那可能你真的是遇上了同行。

山不转水转,所以水比山更灵活,水可以绕着山走,水可以把山推走,水可以把山冲倒,水可以造成泥石流。水比山更灵活,水就是山的领导者。水不转人转,所以人可以把水带上天,人可以把水带入地。人比水更灵活,人就能引导水,于是自来水就出现了。

越灵活的人,就越有资格做领导;越灵活的人,就越能干大事。往往是一个有目标的人,带着一群没目标的人;一个有计划的人,带着一群没计划的人;一个有主见的人,带着一群没主见的人在世上前行!

所以，人越灵活，越有目标性，越是能够成大器。转回到销售这个话题上，客户不理你，你接着理他就行了。遇到一条路走不通时，就马上找找有没有别的路可以走，而不是马上放弃不走。你处事灵活，就有可能得到更多的客户。

CHAPTER 6　销售高手应洞悉成交关键

维系客户关系的方法

1. 朋友是常来常往的感情互动

其实交朋友是"用"的,这个"用"在这里不是利用的意思。我对它的定义是,可以使用朋友的关系,来增强人们常来常往的感情互动。跟客户真诚地交朋友,才能更好地维系与客户的关系。

2. 找个契机,引发双方互动

你想要和客户搞好关系,加深感情,就可以找个理由想方设法跟客户产生互动。之后,你们之间互动的次数越多,你们两个的关系也越铁。

再比如，平常你和同事聊的都是工作方面的内容，那么你们的私人关系可能很一般。你和同事除了工作方面的话之外，还要多讲一些肺腑之言，多讲一些心里话，或者互相分享一些小秘密，你们的关系就会变得不那么普通了。

3. 感情是靠同质升温的，摧残、蹂躏也可以使感情升温

人们之间的感情有两种升温的方式。第一种方式是找寻共同的兴趣、爱好。第二种方式是经常骚扰他、折磨他。有时，你不骚扰、折磨他，你们之间的感情很难升温。

我每次到一个地方讲完课，下课就把包一拎，站起来就走，和学员从此再也没有任何关系。其实，学员要想和我建立关系太容易了，他只要下课往前走两步，和我说："臧老师，我听你的课还是挺有启发的。不过臧老师，最近我手头有点紧，你看你能不能先借我一万块钱救急？"只要你敢过来跟我搭话，我们之间立刻就产生了关系。随着事情的发展，我们的感情可能还会持续升温。

当你真的想问我借钱，还没有张嘴的时候，你

CHAPTER 6　销售高手应洞悉成交关键

心里肯定还是有一点紧张的。可是，当你把话讲完，你就没有压力了，反而变成我有压力了。因为我要思考，我是借呢，还是不借呢？我借吧，害怕钱肉包子打狗，一去不回了。我不借吧，我害怕影响自己作为老师的形象。于是，我开始自我摧残、自我踩蹋、自我折磨。最后，我一咬牙，还是借给你吧。

等我把钱打到你的账号，从此你每天都笑容灿烂。可是我痛苦极了，根本不知道这钱还有没有可能回来。我每天茶不思，饭不进，就想着我借给你钱这件事。你后来终于把钱还给我了，但是咱们俩的关系还没结束，因为我又向你借钱了。

我向你借五万元，你也开始纠结了。毕竟五万元和一万元的差距还是很大的，你从听到我向你借钱的那一刻起，你就开始自我摧残、自我踩蹋、自我折磨，你是借呢，还是不借呢？你想来想去，还是咬牙借给我了两万元。你打电话告诉我："臧老师，我的钱已经全部借给你了，我家里已经没钱了。"其实你在银行里还有几十万元，但决定只借给我两万元，主要是因为你怕我不还给你。不管多少，只要有钱借，我都会很开心。从此我面带微笑，可是你开始变得痛苦了,你只要一想到这两万元,你就发愁,吃不下饭。

就这样,我们一来二去,一借两借,感情在升温,信任度在提高。我们的感情关系在相互摧残、蹂躏、折磨中加深了。

4. 关键时刻敢于先占别人的便宜,是交际高手的标志

一般来讲和人建立关系是先付出后回报的。但是在我的心目中,关键时刻敢于先占别人便宜的人,往往代表着他是交际方面的高手。

我有一个朋友的年龄比较大,他是卖猪饲料的,经常到农村拜访客户。有一次他跟养猪的农户聊天,聊到最后对方也没有买他的饲料。但也因为聊得时间太长,他回去的时候没车了。农村比较偏远,他又没有其他办法,于是他只好找和他聊了两三个小时也没有成交的农户。对那个农户说:"老王啊,现在车站已经没车了,我回不去了,你看我能不能在你家里借宿一个晚上?"

农户同意了他的请求。当时农户家里没有多余

CHAPTER 6　销售高手应洞悉成交关键

的床，就把自家的门板拆了，用砖头给他搭了一张床。除了管住，当然吃饭也是少不了的。来到家里就是客人，有客人吃饭难免要喝二两酒。喝着酒两人开始聊，后来他躺在门板上，又跟农户整整聊了一夜。等第二天他和农户的关系更熟了，猪饲料也卖出去了。

后来，我这个朋友告诉我："老臧，你不知道，我就用这一招，搞定了多少客户啊！只要我发现哪个客户有潜力，他不想买我的产品，我就把时间安排到很晚再去拜访他。拜访之后，我就不走了，我就在他家吃，在他家住，在他家喝醉后把猪饲料卖给他。"

我在本书的开篇也提到了，做销售的人一定要胆子大。世界上没有什么不可能的事，只有你从来都不敢想的事。千万记住，不要不好意思，如果有机会，就要大胆尝试。

一个人去拜访一位客户，客户说："小刘啊，我刚刚接到一个电话，抱歉，我要先出去一下，20分钟后我就回来了。小刘，桌上有苹果，旁边有报纸，你看看报纸，吃个苹果，等一会儿我就回来跟你谈项目。"如果业务员说："王总，没事，您先忙吧。苹果我看到了，不过我刚才来的时候吃过了，就不吃了。"

他只要这样说，你就可以立刻判断出他是"小鸟"，"老鸟"肯定不这么说。"老鸟"会怎么说呢？

"好的，王总，您先忙吧。没事，苹果我看到了，我正好现在渴着呢。"说完，他拿过苹果就啃了一口。

这样的人就是"老鸟"。因为他吃客户一口苹果，他们的业务合作，客户会给他两口；他吃客户三口苹果，他们的业务合作，客户会给他五口。慢慢地，他们就可以常来常往了，因为都是自己人了。

所以，你和客户建立关系时千万不要不好意思。很多时候，一些销售人员就是被自己的不好意思害死的。到了客户那里不用过于客气，该吃吃，该喝喝。你一客气，就等于把别人推到十万八千里之外了。

做销售时，你在吃亏的同时，也正在占便宜；你觉得在占便宜，可能也正在吃亏。很多时候，销售就是玩心理，你

CHAPTER 6　销售高手应洞悉成交关键

把客户的心理摸透了，很多难题就会变得很简单。能做大领导、大老板的人，往往都是玩心理的高手。所以下次你再和客户见面时，完全可以大大方方的，该吃吃，该喝喝，不用和客户太客气。

此外，你一定要养成让客户帮你忙的习惯，因为帮忙会"上瘾"，他为你付出越多，他越信赖你；他为你付出越多，他越希望你在公司里面混得好。因为你混得越好，将来对他越有帮助。

当然，与客户建立亲和与信赖感，我认为至少要做到以下几个方面：

第一，维系关系一般要先付出；

第二，关键时刻敢于先占别人便宜；

第三，要想把客户关系维系好，一定要记住不要太客气；

第四，一定在别人对你人格尊重的前提下，才多付出；

第五，要养成让客户帮你忙的习惯。

所以，在与客户交往时，你不要太过于看重双方付出多少和涉及利益的问题，而是应该真诚一些。而且，对于客户给你的帮助，也不要完全拒绝，而要与他有来有往。这样，你与客户之间的关系会越来越近，客户对你的信赖感也就培养出来了。

CHAPTER 7

销售高手的个人修养

CHAPTER 7　销售高手的个人修养

学会找到与客户的共同话题

每次去拜访客户，和客户在聊天交谈的过程中，你一定要找到一个你们之间的共同话题。也就是说，见面之后，你要找到一个他感兴趣、你也感兴趣的话题。这样你们俩谈着谈着，感情就很容易升温了。

我以前去拜访一位客户，我发现他的桌子上放了一本《三国演义》，他座位后面的墙壁上挂着《出师表》的书法。我就觉得他应该是喜欢诸葛亮的，于是我和他交流没两分钟，就开始跟他谈诸葛亮。

后来，我们聊得越来越投机，越聊越能说到一起，这就说明我和他谈到了共同的话题，他感兴趣，我也感兴趣。

有人会说,你们谈这么长时间的闲话,谈业务的时间就少了。其实不然,有句话说得好,"话不投机半句多"。你一定要带领对方,找到你们都感兴趣的话题,而且你的谈话一定要有水准,这样才能把话题继续下去。不要担心时间问题,对于一个老板来说,他的时间都是由他自己掌控的。如果你谈得有水平,他自然愿意和你谈到尽兴;你要是谈得没水平,那他跟你肯定是话不投机半句多,谈话两分钟就结束了。

1998年,我坐火车从广州回老家,坐的是绿皮火车,速度很慢。我坐在中间过道的边上,过道的另一边是一位美女。她带着一帮人在谈历史,我带着一帮人在讲政治和军事。我们双方都整整侃了一天。聊得越久,我们彼此越觉得对方是个高手。

于是,我想认识她,我感觉她也很想认识我。后来,我终于找了个她不讲话的机会,说:"姑娘,听你讲话的口音很熟悉,你老家是哪里的?"那个姑娘说:"我老家是安徽的!"我一听,马上说:"安徽啊?安徽哪里的?""合肥。""哦,是合肥啊,怪不得这么熟悉。"

我这两句话一讲完,就发现我们俩可以找到共

CHAPTER 7 销售高手的个人修养

同话题了。此后，我们两个整整在火车上侃了一天一夜。最后我也没说过我的老家是合肥的，但是她下火车的时候，仿佛已经认定我就是她的合肥老乡了。其实我老家根本不是合肥的，我和她建立了同乡的信任感。很显然，她以为我是她的老乡，完全是因为我问的那两句话。

作为一个销售高手，你一定要想方设法找寻到和客户有关系的共同话题。要想找到相同话题，有三个技巧可以使用：第一，发问；第二，观察；第三，聆听。

一定要成为生活的杂家

如果你去拜访一个人，发现他喜欢穿运动服，而且家里有很多运动器材，那么你就可以初步判断他喜欢体育。这时有一个问题，如果你对体育一窍不通，那么即使你知道客户喜欢体育，也没办法和他借这个共同话题建立联系。所以，销售高手的知识面一定要广，是生活中的杂家，才能在找到客户的喜好后投其所好，建立感情联系。

如果你发现客户喜欢打篮球，但你不知道篮球是几个人一起打的，篮球的强队、当下最火的篮球明星是谁都不清楚；或者你发现客户喜欢踢足球，但你不知道踢足球的规则，足球的明星都有哪些你也不知道；又或者你发现客户喜欢打高

CHAPTER 7　销售高手的个人修养

尔夫球,但你不知道高尔夫球怎么玩,那这就是你最大的遗憾了。就像是你找到了开门的锁眼,却没有钥匙一样,会让你失去很多与客户感情升温的机会。

你想成为一个销售高手,就一定要成为行业的专家和生活的杂家。这意味着你必须想方设法地让自己对天文、历史、地理、哲学、人文、政治、经济、风土人情等知识都略知一二。你要多看、多听、多问,不管和客户谈什么类型的话题,你都能谈出几个要点,说出一些专业的知识。这样,你就离销售高手不远了。

亲和一些,常微笑、常点头

我在讲课的时候,发现很多学员的脸一天都是没有表情、不会变的。他们一直绷着脸,无论我怎么逗他们,他们都不会笑。我问他们原因,他们说:"老师,我回家会笑的。"他这样说我是不相信的,因为我觉得一个人的性格,一般情况下是很难改变的。尤其是你见客户的时候,万一忘记了微笑,脸一直绷着,那么会对最终的成交产生很大的负面影响。

你要想成为销售高手,就要从现在开始练习变得有亲和力,经常微笑,经常点头。有句话叫"伸手不打笑脸人",还有句话是"笑一笑,十年少"。其实,笑是人和人之间的一种润滑剂。当你看到有人笑,你也会跟着笑。当你看到一

CHAPTER 7　销售高手的个人修养

个人在哭时，你往往也会心情不爽。

就拿我自己来说，我现在每天都保持着积极乐观的心态，脸上常挂着微笑。其实，这种状态是我多年修炼的结果。我以前脸上的表情一点也不开心，给人感觉我活得很凄惨一样。后来我慢慢修身养性，不断调整，才把我的脸从原来的苦瓜脸变成微笑的、积极向上的脸。

所以从现在开始，你要提醒自己常微笑、常点头。当你在微笑的时候，你的心情也会跟着嘴角往上扬，变得乐观起来，万事也就跟着变得顺利了。经常做微笑的动作，第一个占便宜的是你自己，第二个占便宜的是你的家人。因为你面带微笑，家人看到了，也会觉得很幸福。

轻松点、幽默点

作为一名销售人员,你不要把自己搞得太拘谨、太压抑。你去拜访陌生客户时,客户难免都会有一点紧张,有一点防范。如果你比他更严肃、更紧张、更压抑,你们两个在这种情况下交流,就真的很难成交了。

所以,对方很理性的时候,你一定要表现得很轻松、很阳光、很活泼、很幽默,不要太拘谨。之后,你要让他从理性慢慢地、一步一步地变成感性,让他跟着你的节奏走,这样接下来你就更容易推销产品了。

而且,大部人都喜欢和轻松、幽默的人交流,这样心理负担小,自然更容易敞开心扉。如果你这样去做,很多客户

CHAPTER 7　销售高手的个人修养

会心甘情愿与你多接触，你们接触的机会越多，你最后成交的机会也就越大。

我在从杭州到上海的一列火车上，遇到过一个特别会卖东西的人。他长得五大三粗，戴着一个耳麦，一进车厢就开始给大家讲笑话，模仿其他国家的领导人讲话，把我们整个车厢里面所有人都逗得前仰后合的。

表演完他说："各位，你们不要光笑啊，来看看我的东西。"于是，开始发他打算卖的产品，是一个套在脖子上帮助血液循环的磁环，售价128元/个。最后，他在我们那一节车厢里5分钟就卖出去了10多个。

我给学员们上课，如果我死板地照着教材、讲义讲，照本宣科，学员肯定会觉得很压抑，也不会愿意再次听我讲课了。所以，我觉得作为一个优秀的培训师，课堂不要搞得太严肃，在讲台上，有时候不要把自己的老师身份看得太重，适当地稍微放松一下，学员也能跟着放松下来，更能理解课堂上讲到的内容了。我越坦诚，大家就越坦诚；我讲话越通俗朴实，大家也就越放得开，互动的效果自然也越来越好。

不管是做推销、讲演，还是说服客户购买产品，你都要记得轻松点、幽默点，不要太拘谨，这样你成交的机会会更多。

CHAPTER 7　销售高手的个人修养

要学会模仿

你去拜访客户时，要注意多观察他们说话的习惯，有机会时可以模仿他们说话的模式，比如语速、语调等，这样会让客户和你产生亲近感，减少距离感。比如，客户讲话时语速比较快，那么你说话也要快；如果他们讲话比较慢，那么你也要把自己的语速放慢。

比如，客户说："小刘啊，这件事情我要——考——虑——考——虑。"结果你上来就说："王哥啊，你考虑个啥啊，赶紧跟我们合作吧。"那他立刻就会感觉你是嘴上无毛，办事不牢。所以你要把握好节奏，跟着客户的调子来。他要是说话快，你就说话快；他要是说话慢，你就说话慢。

客户说："小刘啊，这件事情我要——考——虑——考——虑。"你要说："王先生，其实考虑也是有必要的。咱们是老乡，我说心里话，你好像不是太相信我。""哎呀，小姑娘，我怎么可能不相信你呢？""王先生，你真的相信我吗？假如真的相信我，就应该告诉我，你到底为什么现在还不能做决策？"这样，你就把他给拉回来了，你们的思维也就又在同一个频道上了。

CHAPTER 7 销售高手的个人修养

要入乡随俗

中国移动有个小姑娘，工作任务是把电话卡卖到农村的小商店里去。刚开始她到农村的时候，很多小商店的老板娘看着她都像防贼一样。因为这个小姑娘是城里过来的，穿着气质和农村是不一样的。

知道原因之后，小姑娘第二次再到村里做活动时，她改变了策略。小商店的老板娘们穿得多朴素，她就穿得多朴素；小商店的老板娘们多不修边幅，她就多不修边幅。这个大妈在喂鸡，她就主动帮着去撒鸡饲料；那个大妈在喂猪，她就主动帮着去拌猪食。

结果，小姑娘很快就和那些大妈们的关系拉近了。以后她每次去拜访，大妈们都亲切地招呼她，还把手搭在她的肩上，说："哎呀，小姑娘，你长得好漂亮啊，有没有婆家？没有的话，我帮你介绍个男朋友吧。"这就是大妈们很喜欢她的表现了。

想成为一个销售高手，你不仅要在形象上、动作上入乡随俗，甚至讲话方式、语言风格上也要入乡随俗。人与人之间往往关系越好，讲话越随意；讲话越客气，距离越远。要跟客户拉近距离，入乡随俗是不错的方式。

CHAPTER 7　销售高手的个人修养

要修身养性

我认为钱不是挣来的，也不是攒来的，钱其实是"吸"过来的。就是说，你自己内在的魅力、能力、实力、境界如果很高，那么你身边的珍珠、玛瑙、黄金、钻石也都不会少。钱最终能不能留在你这里，取决于你能不能驾驭住它，会不会让它轻易溜走。比如，有些人中了几百万元的彩票，虽然他有钱了，但是缺乏持续不断挣钱的能力。结果，随着时间的推移，他又会变得没钱，甚至可能比没中彩票之前更穷。

想成为销售高手，一定要修身养性，把自己内在的气质提上去，这样才能使外在能力和内在气质一起得到提升，并影响身边的人。